UNA PUERTA HACIA LA LUZ

Primera Edición: Diciembre de 2016

Segunda Edición: Noviembre de 2017

Tercera Edición: Marzo de 2020

© 2016-2020 Carmen de Sayve & Jocelyn Arellano

© Editorial Nous
Avda. Compostela, 24
27620 Samos
nous@editorialnous.com

ISBN: 978-84-945809-5-6
Depósito Legal: Lu-212-2016

Producción: Noumicon

Impreso en España. Printed in Spain

www.editorialnous.com

CARMEN DE SAYVE
JOCELYN ARELLANO

UNA PUERTA HACIA LA LUZ

♣

no𝐔s
EDITORIAL

ÍNDICE

PRÓLOGO

El libro que tienes en tus manos es una invitación directa y sincera a la consciencia. El *Diccionario de la Academia de la Lengua* define como tal la capacidad tanto de conocerte a ti mismo como de reconocer la realidad que te rodea y relacionarte con ella. Y lo que Carmen de Sayve y Jocelyn Arellano te proponen en *Una puerta hacia la luz* es, precisamente, que te conozcas mejor y aumentes tu comprensión de la realidad en la que despliegas tu existencia gracias al discernimiento de que la vida, la tuya y la de los demás, va mucho más allá de esta vida física. Lo que implicará, entre otras cosas, que la vivas con mayor plenitud al perder el miedo a la muerte.

Esto es lo Real: la muerte no existe y es un imposible, un fantasma, sólo eso, de la imaginación humana. La Creación y el Cosmos son una colosal manifestación de Vida multifacética y multidimensional. Y lo que lo que auténticamente somos y sentimos que somos trasciende rotunda e infinitamente lo que una vida física y la existencia durante unos pocos años significan. En este marco, lo que la Humanidad denomina muerte no es tal, sino el punto evolutivo y la fase de transición entre el fin de un ciclo vital y el inicio de otro.

La evolución y los ciclos son consustanciales a la Creación. Nuestros ancestros se percataron de esto y lo condensaron en lo que *El Kybalion* denomina "Principio de Ritmo". Y el Cosmos y la Naturaleza se renuevan y regeneran, fluyen y refluyen, mediante los cambios de ciclo. De este modo, tener miedo a la muerte es tenerlo a la vida, pues no hay vida sin muerte, ni muerte sin vida. Y comprender la muerte es entender la vida. La muerte corporal es un apagado; y el nacimiento físico, un encendido. Por cada apagado hay un encendido y, así, se recrea y expande nuestra existencia.

Conviene repetirlo: tener miedo a la muerte es tener miedo a la vida. Y para conocerte a ti mismo y vivir la vida has de comprender y asumir la muerte, con todo lo que conlleva. Por lo que discernir acerca de esta, que es lo que en este libro se hace, no es un juego mental, ni otra de las muchas obsesiones intelectuales relacionadas con el futuro. Al contrario: resulta imprescindible para vivir el aquí-ahora, que es la vida misma; y para perderle el miedo, que es el medio para saborear el aquí-ahora como se merece y sacarle a la vida todo su jugo.

Ahora bien, sabiendo que todo es así de sencillo y natural, ¿por qué tanta gente no quiere saber nada de la muerte y creen que es imposible saber nada acerca de la misma? La inconsciencia es la causa y la raíz de ello. Una inconsciencia que, siendo responsabilidad de cada cual, es alimentada por los paradigmas y pautas materialistas de vida que priman todavía en la sociedad.

Esos paradigmas y pautas provocan que muchas personas confundan los deseos de su mente con sus auténticas necesidades. De este modo, no se dan cuenta, parafraseando a Francisco de Asís, que realmente necesitan poco y que lo poco que necesitan lo necesitan poco, se muestran incapaces de percibir algo tan obvio como que lo que posees te posee y se lanzan fuera de sí mismos buscando en el exterior una felicidad que sólo hallarán cuando cesen de comportarse tan neciamente y miren hacia su interior hasta descubrir lo que verdaderamente son.

Adoctrinadas bajo el influjo y los intereses del sistema socioeconómico dominante, pasan sus días en una absurda y antinatural dinámica vital caracterizada por el culto a la velocidad, el ajetreo y el trasiego incesante. Metidas y absorbidas en la voraz cadena de las situaciones, circunstancias cotidianas, se limitan a reaccionar ante ellas –lo llaman actuar, pero es mentira, pues son meras reacciones automatizadas- con base en los sistema de creencias, auténticos "programas informáticos", que otros han insertado en su cabeza. Y les resulta tan materialmente imposible como intelectualmente inconcebible dedicar algún momento de atención en su día a día a las cuestiones más elementales y, a la vez más hondas, de su propia existencia.

Resultado de todo ello es la falta de esa facultad discriminativa que se designa en sánscrito con el vocablo "viveka", es decir, el discernimiento imprescindible para encarar los más profundos asuntos de la vida. Lo que lleva a convertir la vida en un acto de pura supervivencia; a no ser conscientes de los hechos más evidentes –por ejemplo, que, antes o después, vas a morir y que todo el mundo fallece- que les debieran obligar a detenerse para ver su significado real; y a hacer suyas una visión y una filosofía materialistas de la vida que consideran "racional" cuando, en verdad, es radicalmente "irracional". Tanto como para no ver las implicaciones de las conclusiones que ella misma pone de manifiesto.

Verbigracia, las investigaciones de los astrónomos conducen a la indudable conclusión de que el ser humano, en su dimensión física, carece prácticamente de valor e importancia para la Naturaleza: una mosca volando en la habitación en la que te encuentras tiene mayor relevancia en el contexto del planeta Tierra que la Humanidad dentro del Universo ilimitado que nos describe la ciencia. Y con mayor razón cuando lo que tomamos en consideración es un único ser humano: el significado de su vida física se reduce prácticamente a nada. En este escenario, pensar que la existencia se reduce al devenir que va del nacimiento a la muerte física se transforma en un acto de fe contrario a un entorno inconmensurable que indica que hay más. Y ese algo más es el que da sentido y valor a la marcha de los acontecimientos y cosas que presenciamos en el tiempo y en el espacio.

La realidad es que la filosofía materialista, bajo su manto de pretendida racionalidad, no es sino, una burda e irracional vía de escape para no discernir acerca de las arduas realidades del mundo físico y de la vida. Así de simple. Y esto es lo que hace el materialismo: incitar a enterrar la cabeza en el campo de los limitados y pequeños problemas inmediatos para no encarar los más reales y mayores que están siempre presentes en el trasfondo y que sólo pueden ser explorados sumergiéndose en los más profundos repliegues de nuestra propia mente y del espíritu.

Debido a esta práctica de esconder la cabeza cual avestruz, la sociedad contemporánea sufre numerosas neurosis. Entre ellas, el curioso empeño en negar emocionalmente la muerte y procurar mantenerla oculta. Cada vez más, se tiende a encubrir la muerte. Parece como si fallecer fuera un desliz extemporáneo, una falta de educación o hasta una perversidad, algo que hay que tapar y disfrazar, sobre todo, a los niños, en lugar de acostumbrarlos a experimentar lo que la muerte significa como primer paso para que no vivan con miedo a la misma.

Pocas personas fallecen ya en su casa y casi no hay velatorios en el hogar. Inmediatamente producido el óbito, el cuerpo se envía desde hospital al tanatorio, para proceder, con la mayor rapidez posible, al enterramiento o a la incineración. Todo muy eficaz, pulcro, atildado y profiláctico, con protocolos –incluidos los famosos "pésames"- tan impersonales como perfectamente pre-establecidos, tan automatizados como carentes de sentimientos. Si es preciso y para hacerle "un favor" a la familia, hasta se certifica médicamente una hora distinta a la que realmente ha acontecido el fallecimiento, al objeto de acelerar los trámites y recortar los tiempos de espera y del duelo.

Ante tanta inconsciencia y dislate, es hora de que interiorices en tu Corazón que la vida va más allá de la vida física y reflexiones sobre lo que tras esta se experimenta. Este libro te dará claves fundamentales para ello y te impulsará al claro y rotundo discernimiento de que la muerte no existe. Será así como el miedo al óbito se diluya y tu experiencia humana se libere del pesadísimo lastre que representa sobrellevar, de por vida, la carga del miedo a la muerte.

Te animo a que disfrutes de las páginas que siguen. Al llegar a la última, probablemente entenderás bien, desde el Corazón, estas palabras extraídas del *Mahabhárata*, el extenso e intenso texto épico-mitológico hindú (más de cien mil versos) escrito hace 2.300 años, que quizás ahora resulten incomprensible para tu mente:

> *"Aquel que piensa que puede matar*
> *y aquel que piensa que puede ser matado,*
> *se equivocan.*
> *Ningún arma puede perforar la vida que hay en ti.*
> *Ningún fuego puede quemarla".*

EMILIO CARRILLO
Sevilla, 9 de octubre de 2016

INTRODUCCIÓN

Aquel que enseñara a los hombres
a morir, les enseñaría a vivir.
Montaigne

Desde tiempos muy remotos la humanidad se ha preguntado si la muerte significa la aniquilación total del ser o si hay vida después de la muerte y en el caso de existir ésta, a dónde va. Cada religión o escuela filosófica ha dado su versión y aunque hay quienes niegan la inmortalidad, muchas otras creen en la supervivencia del alma.

Es verdad que la muerte es un gran misterio, sin embargo, la única certeza que tenemos es que algún día, tarde o temprano, todos hemos de pasar por ese trance llamado muerte y paradójicamente es para lo único que no se nos prepara. Pero puesto que es algo inevitable para cualquier ser que nace y vive en este plano, quizás sea conveniente conocerla mejor para temerle menos.

El concepto de la muerte nos pone ante la perspectiva de la eternidad o de la nada. Hay quienes tratan de demostrar o negar la supervivencia del alma apoyándose en métodos científicos o en principios filosóficos. El creer que se pueda demostrar esto a través de la ciencia es una falacia; la ciencia corresponde al campo de la mente racional, al del plano de la materia física y la vida del "más allá" pertenece a otro sistema de realidad de más sutiles vibraciones. ¿Cómo entonces podríamos medir con un instrumento limitado al plano terrestre lo intangible? Si bien es cierto que la vida después de la muerte no se ha podido comprobar científicamente, por otro lado se tienen cada día más evidencias que sugieren su existencia. En varios países se están haciendo experimentos que han llegado a resultados sorprendentes como grabaciones de voces de personas fallecidas e inclusive conversaciones con ellas a través de aparatos especialmente diseñados para ello y aún vídeo filmación de imágenes de los desaparecidos.

El propósito de esta obra no es demostrar lo que ya cada uno cree o no cree, sino únicamente exponer ciertos conocimientos ya sea recibidos directamente de otras realidades o provenientes de estudios en diferentes fuentes, así como compartir una serie de experiencias que nos ha tocado vivir dirigidas ciertamente desde otros planos de conciencia y que derivan de esta verdad que cada día se hace más patente, la supervivencia de la conciencia humana después de la desintegración del cuerpo físico.

El temor a la muerte hace que se prefiera ignorarla, no pensar en ella y rechazarla como la enemiga de la vida. Para los materialistas la muerte significa la supresión total de la vida, ya que al desintegrarse el cuerpo con su cerebro, la consciencia que lo habita desaparece también. Pero nuestra mente no es el cerebro, éste es el instrumento del que se sirve aquélla para expresarse en esta dimensión. La vida en realidad es eterna, es decir que la que actualmente experimentamos no es más que una mínima parte de nuestra existencia, de todo ese proceso vital de evolución en el que estamos inmersos. De esto resultaría que nuestra vida no está limitada a un solo pasaje sobre la tierra sino a todo un proceso evolutivo de perfeccionamiento.

En los últimos años se han dado cada vez con mayor frecuencia casos de personas que, después de haber sido declaradas clínicamente muertas, vuelven a la vida. Los investigadores de estos casos, como el Dr. Raymond Moody, el Dr. Melvin Morse, el Dr. Kenneth Ring y muchos otros, han recopilado los relatos de estas experiencias que coinciden de manera asombrosa, aportando datos fascinantes sobre lo que llamaríamos el umbral de la muerte. Estos informes hablan de que al producirse la muerte clínica el individuo se desprende del cuerpo físico al que puede observar desde cierta distancia. A continuación son llevados por un túnel hacia una luz maravillosa de la cual emana una sensación de paz y amor indescriptibles. La libertad y el gozo que experimentan en ese estado les hace desear no regresar a la existencia terrestre pero, por diferentes razones, hay algo que los impele a volverse a limitar en el vehículo corporal que habían abandonado.

Todos los que han pasado por una experiencia similar sufren una transformación radical en sus vidas. El temor a la muerte desaparece, dando lugar a la toma de conciencia del verdadero sentido de la vida en la que lo más importante es actuar con AMOR. Su incursión en ese otro plano de realidad los acerca al conocimiento del auténtico objetivo de la vida terrestre, que es el aprendizaje y la superación.

Estas experiencias sólo nos prueban que nuestra conciencia es independiente del cuerpo físico, que al morir éste aquélla no desaparece.

Nos enseñan a negar la muerte pues se cree que significa exterminio y pérdida. La mayoría la niega o la teme, y piensa que el sólo nombrarla les atrae algo negativo. Pero morir es parte del proceso vital y cuanto menos lo aceptemos más difícil nos serán tanto el momento de la muerte como el posterior. Es el miedo el que nos impide vivir la vida y la muerte plenamente: miedo a los cambios en nuestra vida diaria, al qué dirán, a no ser reconocidos, a dejar lo que tenemos, a lo desconocido, a que todo termine. Cuanto antes comprendamos que la vida es un continuo cambio, ya que estamos en una constante evolución, antes aceptaremos el concepto de la muerte. Cada momento tendríamos que morir al pasado para vivir y aprender de lo que la vida nos ofrece en el presente. Cuanto más veamos a la muerte, no como el final de nuestra existencia, sino como la puerta de acceso a otra realidad superior, más nos familiarizaremos con ella, lo cual nos liberará del temor que nos infunde.

Al decir que nada permanece, que todo cambia, estamos diciendo que este mundo es ilusorio, que lo único real y permanente es nuestro Yo superior o esencia divina; las experiencias y los cuerpos pasan pero nuestro espíritu es eterno. Rara vez aprovechamos la noticia de la muerte de alguien para darnos cuenta de que todo es transitorio.

El universo y todo lo que existe no es estático, está en perpetuo cambio y la muerte es uno de esos cambios inevitables al que es tanto mejor verlo llegar con tranquilidad cuando es el momento, sabiendo que en el largo camino de la evolución todavía nos quedan innumerables cosas por descubrir y desde luego una nueva vida que parece ser la verdadera.

Tenemos miedo a lo desconocido pero el terror más grande es no saber quiénes somos; perdemos de vista nuestra identidad al creernos separados del resto de la creación y al sentirnos solos y vulnerables basamos nuestra seguridad en identificarnos con cosas externas que a la hora de la muerte es obvio que vamos a perder; vivimos tratando de afirmarnos mediante el control de nuestras vidas y las de los demás. Esta es la razón de nuestro miedo, perder todo aquello en lo que hemos basado toda una vida pero que no es más que ilusión. Una ilusión en el sentido de que todo lo que creemos perder no fue más que la obra de teatro en la que tuvimos que participar para aprender pero que en el momento en el que baja el telón volvemos a la verdadera vida donde se aclara la finalidad del guión.

Lo que nos proponemos a continuación es compartir con nuestros lectores algunas experiencias que nos han puesto en contacto con ese otro plano donde se encuentran los llamados muertos, los cuales nos han ayudado a comprender un poco mejor las dificultades que algunas almas tienen que franquear antes de verse liberadas de la atracción terrenal y llegar al plano de luz que les corresponde. Por lo que hemos podido comprender, según la espiritualidad de cada individuo, este paso se da con mayor o menor facilidad.

La mediumnidad o psiquismo es la facultad que tiene todo ser humano de ponerse en contacto con otros planos de conciencia o realidad, sólo que algunos la tienen más desarrollada que otros. Sin percatarnos de ello estamos en continuo contacto con esos otros planos o dimensiones donde se encuentran los llamados muertos, quienes en realidad están más vivos que nosotros. Recibimos su ayuda en forma constante, ya sean santos, maestros, guías, ángeles de la guarda o simplemente familiares fallecidos, todos se preocupan por nuestra evolución y bienestar y se comunican con nosotros de forma telepática. Cuántas veces nos vienen pensamientos o intuiciones que nos salvan de una situación peligrosa o nos ayudan a resolver un problema crucial en nuestra vida; percibimos estas ideas como si alguien nos las hubiera inspirado y así es en realidad.

No obstante, como más adelante veremos, nosotros también podemos ayudar a esos seres. Esto es
lo que se entiende por comunión de los santos. Ha
sido en un círculo de meditación y oración donde en
un principio se dieron, de forma espontánea, nuestros contactos con los difuntos que necesitaban ayuda. De igual manera las enseñanzas se han recibido
a través de la escritura intuitiva de Carmen. Debe de
quedar claro que nunca buscamos la comunicación
con los difuntos, son ellos los que se nos presentan
pidiendo ayuda cuando están desorientados.

No pretendemos con lo que damos en estas
páginas tener la verdad absoluta o ser contundentes
en las explicaciones sobre los diferentes procesos de
la muerte. Las experiencias que relatamos, así como
las enseñanzas que compartimos, han sido objeto
de estudio o recibidas a través de mediumnidad. Así
como el pez viaja en el agua y sale mojado, los mensajes pasan a través del médium y por lo tanto puede
haber influencia del propio subconsciente de éste.
El psíquico es un canal que hace de intermediario
entre dos realidades distintas y al serle una de ellas
desconocida, puede haber errores en la recepción e
interpretación de lo que recibe. Sin embargo la presente obra se ha realizado a través de un meticuloso
trabajo de discernimiento además de una profunda
investigación en diferentes fuentes que generalmente coinciden con el material recibido. Así y todo, el
lector deberá ejercer su facultad crítica en todo momento y llegar así a sus propias conclusiones.

Al salir del mundo físico y llegar al astral se
origina un conflicto cuando la mente está muy apegada a la baja vibración terrestre. De forma natural,
el alma se siente atraída hacia la luz pero sus preocupaciones sobre lo que acaba de dejar, su rebeldía
al no querer aceptar su nueva condición, su sentido

de culpabilidad o su soberbia de sentirse espiritualmente superior y no encontrar lo que esperaba, o
el descreído que espera la nada, son algunas de las
razones por las que algunas almas se quedan estancadas en ese limbo del que a veces es difícil salir.

Prepararnos para la muerte es lo mismo que
prepararnos para la vida. Esto se logra en la medida
en que entendamos nuestra verdadera esencia y el
propósito de nuestra existencia.

Nuestro problema ha sido que, al bajar a la materia densa olvidamos nuestro origen divino y nos
circunscribimos voluntariamente a su limitación. Al
olvidar nuestra verdadera identidad, nuestra mente
se queda únicamente enfocada al plano de la materia
física. Nuestro pensamiento ilimitado se convierte
en limitado. Para volver a escapar de esa densidad
donde estamos atrapados se tiene que recuperar la
conciencia de unificación, del Uno que somos todos
para volver a tener la fuerza de crear mundos y realidades más armoniosos. Un camino para lograrlo es
a través de la meditación y el desapego de este plano
en el que nuestro corazón está aprisionado.

Morir es menos difícil que nacer. En el primer
caso se trata de liberarse y en el segundo de limitar-
se, en aquél se vuelve al hogar mientras que en éste
se va a la difícil escuela de la vida. Mientras no se
vea la muerte como parte de la vida, como el des-
enlace feliz de un periodo de trabajo, se dificultará
ese paso que es en realidad una liberación y no un
final definitivo. Vivir la vida plenamente es también
vivirla en conciencia de la muerte.

La muerte, tan temida por muchos, espera-
da por otros pero destino de todos, no es el final
de la vida sino la transición de un estado a otro,
de una forma de vida a otra, ya que la vida es un
don divino que no tiene ni principio ni fin; somos

eternos como la fuente de energía de la que nos originamos a la que llamamos Dios. De Él salimos y a Él hemos de volver.

CAPÍTULO I

LA MUERTE NO EXISTE

> *No llores si me amas*
> *¡Si conocieras el don de Dios*
> *y lo que es el cielo!*
> *¡Si pudieras oír el cántico de*
> *los ángeles y verme en medio de ellos!*
> *¡Si por un instante pudieras*
> *contemplar como yo la belleza*
> *ante la cual las bellezas palidecen!*
> *¿Me has amado en el país de*
> *las sombras y no te resignas*
> *a verme en el de las inmutables realidades?*
> *Créeme, cuando llegue el día*
> *que Dios ha fijado y tu alma*
> *venga a este cielo en que te ha*
> *precedido la mía, volverás a ver*
> *a aquel que siempre te ama y*
> *encontrarás su corazón con todas*
> *las ternuras purificadas, transfigurado,*
> *feliz, no esperando la muerte sino*
> *avanzando contigo en los senderos de la luz.*
> *Enjuga tu llanto y no me llores si me amas.*

San Agustín

En realidad nada muere, porque nuestro verdadero ser es eterno. Nuestro cuerpo es únicamente un vestido que utilizamos temporalmente para expresarnos en el plano físico, pero cuando ya es inútil, cuando ha cumplido su cometido, se desecha y vuelve a los elementos de la tierra de los que se formó originalmente. El cuerpo no es más que un instrumento y es ilusorio como todo el mundo tridimensional, por lo tanto, al no tener existencia real y perenne no puede en realidad ni "vivir" ni "morir". Lo que tiene vida es la conciencia y ésta nunca muere. En el momento de la muerte sólo se retira de su habitación temporal y pasa a otro plano mucho más real que el ilusorio mundo físico. Lo que tiene vida verdadera siempre la tendrá, lo que está vivo nunca muere. Morir no es más que renacer a otro plano de conciencia o realidad de otra frecuencia vibratoria.

Aunque en las diferentes religiones se predica el concepto de la supervivencia del alma y que la identidad del hombre es independiente del cuerpo físico, no les interesa estudiar casos en los que parece haber comunicación entre los vivos y los muertos. A esto le llaman espiritismo y le dan una connotación negativa.

A lo largo de esta obra relataremos ciertas experiencias que hemos tenido con almas que se encontraban desorientadas después de la separación del cuerpo físico. Algunas de estas comunicaciones se presentaron espontáneamente en un grupo de meditadores con el que nos reuníamos cada semana. Durante la meditación, y a través de la extraordinaria mediumnidad de una de las participantes que es vidente y trasmite lo que oye, hablaban estos seres. Por otro lado, mediante la escritura intuitiva de Carmen se corroboraba lo que ella veía.

Simultáneamente, pero sin saber la una lo que recibía la otra, se establecía la comunicación. Debe quedar claro que a pesar de que no es una tarea fácil, por las dudas que nos asaltan al incursionar en esos otros planos de los que tan poco conocíamos, hemos aceptado ayudar a las almas que se encuentran estancadas, por diferentes razones, en ese limbo que está entre el mundo físico y el espiritual.

Nuestros maestros y guías, que nos dan instrucción, son los que facilitan el encuentro con aquellos que lo necesitan, tanto con los desencarnados como con los familiares, a quienes se les da ayuda y consuelo. De la misma manera se nos ha llevado con personas que están cerca de la muerte para asistirlos en ese paso. Todos estos encuentros podrían aparentar ser casuales pero es evidente para nosotras que la casualidad no existe. Las circunstancias propicias para este trabajo se dan en respuesta a nuestro deseo de ayudar.

Lo que hacemos, en conjunto con el plano espiritual, es prestarnos como instrumentos para ayudar a los que se encuentran en el atolladero del Bajo Astral, ya que al estar ellos más cerca de la vibración terrestre nuestra ayuda les llega más fácilmente. La enorme diferencia con la práctica espiritista estriba en que ésta busca el contacto con los desencarnados para seguir atendiendo a las preocupaciones del plano terrenal y no para ayudarlos a que se eleven a los planos espirituales que les corresponden. Esta actuación hace que el difunto se enfrente al dilema de seguir ocupado en lo que acaba de dejar y continuar vibrando en esa frecuencia o elevarse adonde le corresponde en su nuevo estado. Es, además, peligroso, puesto que las almas invocadas que ya no se encuentran en el Bajo Astral, son suplantadas por seres de muy baja vibración que gozan con hacer creer que son las personas requeridas y únicamente provocan obsesión en los parientes, llevándolos en ocasiones a situaciones en extremo negativas. Por esta misma razón nunca buscamos el contacto con un alma determinada sino que únicamente aceptamos, bajo la protección de nuestros guías, la comunicación con los que se nos presentan para pedir ayuda.

Algunos de los ejemplos que a continuación relatamos ilustran los diferentes motivos por los que las almas no avanzan hacia la luz y se quedan estancadas en el Bajo Astral. Muchas civilizaciones hablan de que después de la muerte se ha de pasar el río, un túnel o cualquier otra analogía que signifique el paso de un lugar a otro, de una realidad a otra completamente diferente. Todo obedece a la frecuencia vibratoria del pensamiento y pasar al otro lado del río o del túnel significa el cambio de vibración necesario para alcanzar el mundo espiritual. Los que no lo pasan o no lo logran es simplemente porque su atención está todavía puesta en la realidad del mundo terrenal que acaban de dejar y no ven la luz del mundo espiritual que siempre está ahí a la espera de recibirlos. Ya sea que no acepten que han muerto, que tengan miedo del castigo del que se les ha hablado durante su vida en el plano físico, que crean que se encontrarán con la nada o que estén sumamente apegados a sus pertenencias y afectos. Todo esto y otras razones más les impiden verla.

En los siguientes testimonios se pueden apreciar las diversas razones por lo que las almas están desorientadas. El castigo no existe, sólo el efecto de nuestros pensamientos y como podremos ver, la infinita misericordia de Dios que acoge a cada uno de sus hijos con su amor inconmensurable.

Todos los casos que aquí relatamos son verídicos. Sólo se han alterado los nombres y detalles que pudieran llevar a su identificación.

Hay ocasiones en que la muerte sobreviene en forma repentina o violenta en cuyo caso muchos sujetos ni siquiera aceptan que han muerto. No entienden lo que les ha sucedido pues siguen estando vivos y a la vez nadie los ve ni pueden comunicarse con sus seres queridos. Esta desorientación los lleva a estados de gran desesperación. He aquí un ejemplo:

Ya no tengo cuerpo, sin embargo, estoy vivo

La hermana Lucía es una antigua conocida. Asistió a nuestro curso de meditación como parte de su búsqueda espiritual. Es una mujer generosa, dedicada a la labor social en una colonia obrera. El día que me llamó su voz sonaba preocupada. Me pidió venir a verme para consultar un problema.

-No se trata de mí, Jocelyn. Hay una niña, Paula, una joven muy angustiada que me pide ayuda. Siente... No, no sólo siente, ve una presencia en su casa: un hombre que la persigue, la agrede, en ocasiones parece querer violarla. Ella no entiende, piensa que puede ser su culpa, que se trata de un castigo por algo que ha hecho. Nadie de su familia le cree. Le dicen que está loca y la pobre niña ya no sabe si lo que ve es cierto o realmente está perdiendo la razón. Yo no tengo manera de ayudarla, Jocelyn. Creo que ustedes... Por favor, vengan conmigo a verla.

Le hablé a Carmen del asunto y decidimos acompañar a la hermana Lucía a casa de Paula para ver si podíamos hacer algo por ella.

La carretera serpenteaba por una colina llena de árboles. La ciudad se veía allá abajo en su nube de smog. Caminos angostos de terrecería se perdían a cada lado. Pequeñas casas humildes bordeaban la calle por la que llegamos.

-Aquí es- dijo la hermana Lucía señalando un callejón. Al final, una puerta azul deslavada.

Entramos a un patio de tierra. Sábanas y prendas de ropa colgaban de alambres tendidos de pared a pared. Una muchacha muy joven salió a recibirnos. El pelo negro y largo le tapaba en parte la cara. La cabeza baja. Nos invitó a pasar.

Una habitación pobremente amueblada: sillones, una mesa, el llanto de un niño pequeño que se dejaba oír desde lo que parecía ser la única recámara. Paula relató su experiencia en voz baja, interrumpiéndose a menudo, mezcla de temor y desconfianza. Desde que se había instalado con su familia en esa casa tenía lo que ella llamaba visiones: un hombre joven, moreno y fuerte la acosaba. Ella sentía una agresividad inexplicable que la llenaba de terror. En ocasiones temía que llegara a violarla, tal era el odio que se desprendía de él.

-¿Lo ves en la escuela, en la calle, en algún lugar fuera de tu casa?

-Nunca. Es siempre aquí.

Nos ayudó a colocar velas encendidas sobre la mesa. La luz hizo brillar las flores rojas del mantel de plástico. Las pajuelas de incienso liberaron un humo tenue que flotó entre nosotros.

Le pedimos a la hermana Lucía que orara, que se concentrara en la palabra amor y en enviar luz rosada al ser que habíamos venido a ayudar. A Paula le aconsejamos que se uniera a las intenciones de la hermana Lucía. Pálida, se sentó muy cerca de la monja y cerró los ojos. Nos concentramos para alcanzar un estado meditativo. Poco a poco la pluma que Carmen sostenía sobre el papel empezó a moverse. La transmisión telepática se inició, confirmando la presencia del ser desencarnado que Paula percibía.

-*Me encuentro en mi casa, pero hay otras personas que la ocupan y eso me enfurece. No sé qué me pasó. Me peleé con unos chavos y cuando desperté me di cuenta que algo había cambiado. Desde entonces nadie me escucha y me desespero. Sólo esta niña Paula que está aquí me ve pero le doy miedo.*

-Lo que pasa es que estás muerto para este plano. Ya no te corresponde estar aquí le contestamos- Ahora debes dejar este lugar y dirigirte a la luz, en donde te espera una vida llena de amor y de paz. Te estamos enviando energía amorosa que te ayudará a entenderlo.

-*Veo como luz alrededor de ustedes dentro de una oscuridad horrible. Pero ¿cómo debo sentir su amor si nunca lo he sentido por nadie? Aunque cuando me hablan siento bienestar.*

-Ese bienestar que sientes es poco comparado con lo que te espera si deseas salir de tu encierro y buscas ir hacia Dios. Lo único que tienes que hacer es solicitarlo.

-*No entiendo lo que me dicen ni creo que haya un Dios.*

-Como ves, ya no tienes cuerpo ni puedes manifestarte en este plano, por lo tanto, tu vida debe continuar en otra parte. La muerte no existe, es sólo un paso hacia la verdadera vida en nuestro camino de evolución. Te espera una vida maravillosa si aceptas ir hacia ella.

-*Sí creo que ya no tengo cuerpo, sin embargo estoy vivo. Cuánta razón tienen al decir que la muerte no existe, como yo la creía. Es algo horrible pero la existencia no se acaba.*

-¿Cómo te llamas?- le preguntamos

-*Rodolfo. No sé qué me pasa.*

-Te sientes confundido porque sigues queriendo estar aquí y tu nuevo estado no te lo permite. Tu confusión se debe a que no aceptas tu nueva realidad. Eso es lo que te mantiene en la oscuridad. La luz está ahí y si la pides empezarás a sentir un gran bienestar. Se te acercarán seres de luz que te llevarán a donde te corresponde: una vida llena de amor y paz, donde todo es armonía.

-*Veo su luz, la de ustedes, pero ninguna otra. Me dices que pida la luz, ¿a quién? Me dices cosas muy bellas y quiero creerlas.*

Nos concentramos en enviarle luz, rezando y enviando energía amorosa.

-Pídele a Dios que te ayude a salir de tu confusión y ruega porque la luz se haga. Su misericordia y amor son infinitos y sólo espera que te abras a Él.

-Momentáneamente se ven como vislumbres de una luz que no sé de dónde viene. Me dan mucha paz con sus palabras. Veo cada vez más luz y creo que ya les estoy creyendo. Moviéndome hacia ella se aclara cada vez más.

-Déjate llevar por ella- le decíamos mientras orábamos y continuábamos enviándole energía amorosa para ayudarlo a desprenderse.

-Sí, sí, y es maravilloso... Sigan ayudándome que creo que me estoy desprendiendo de este chicle que me tiene atrapado... ¿Cómo es que no la había visto? Me siento más ligero, me siento liberado de un peso y creo ver seres que vienen de la luz y que me llaman... En verdad les digo que siento la gloria... Gracias a quienes sean y pido perdón a Paula. Ya no la molestaré más... Me voy al cielo.

El hecho de que Paula lo viera y los demás no es porque ella tiene sensibilidad psíquica. Después supimos que el joven que habitaba esa casa anteriormente había resultado muerto en una riña cerca de ahí; también, que a partir de esa sesión dejó de manifestarse a Paula y la calma retornó. Ejemplos como éste demuestran que en ocasiones las almas no se percatan que han fallecido y creen estar vivas en este plano.

Otras veces, al no tener más valores que los materiales, se quedan atados a ellos, como veremos en el siguiente caso.

Yo creía que la muerte era aniquilación total (

El estudio está siempre bañado de luz, no sólo de la proveniente de los enormes ventanales sino también de los lienzos de Isabel: montañas, lagos, soles escandinavos de fría luminosidad se dejan adivinar en las formas de geometría sutil y hablan de un universo claro y fantasioso. Pero no siempre ha sido así...

Desde que Camila murió, dejándole a ella sola el estudio que durante tanto tiempo habían compartido, Isabel sentía algo. Una presencia, tal vez, un cambio en la atmósfera de ese espacio antes entrañable. La obra de Isabel resentía esa diferencia que sólo ella parecía detectar. Se encontró en una época de gran productividad, pero su temática se vio alterada inconscientemente. Los cuadros surgían con una facilidad pasmosa. Sin embargo, desde la muerte de Camila, los paisajes que ella nunca había visto, pero que venían a su mente con la claridad del sol iluminando las praderas, ahora se transformaban en mensajes negativos. Muchas veces, sorprendida por sus propias creaciones, buscaba libros y descubría escenas similares a las que aparecían en las telas: rituales y símbolos de tono siniestro, algo conectado con el ámbito de la brujería. ¿De qué mundo oscuro provenían esas señales que ella no podía reconocer en su propia imaginación y que surgían como por voluntad propia en sus cuadros? Nos llamó preocupada. Algo o alguien que ella no podía identificar irrumpía constantemente para dictarle visiones misteriosas. Escéptica, inteligente, se rehusaba a considerar cualquier suceso paranormal. Su vida estaba regida por la lógica y la razón y no cabía en ella esta sensación de extrañeza fuera de su control. Pensó en nosotros, a pesar de todo, porque sus días empezaban a teñirse de una angustia inexplicable, de una incomodidad que interrumpía su trabajo y la hacía temer lo que antes había sido su mayor satisfacción.

La encontramos en su estudio. La atmósfera, sin ser físicamente obscura, daba impresión de agobio y frialdad. Iniciamos el ritual de costumbre: cantos gregorianos, vasos llenos de flores blancas esparcidos entre pinceles y tubos de pintura. Su aroma se mezclaba con el acre olor a aceite y disolventes que impregnaba el lugar. Carmen había llevado unas velas finas y largas que encendimos junto a las pajuelas de incienso.

Nos sentamos las tres alrededor de la mesa. Receptiva, la pluma de Carmen empezó a escribir:

-Me dicen que ya no me corresponde este lugar ¿Cuál otro puede haber? No me morí como creía sino que sigo viva pero sin poder yo misma hacer las cosas. Isabel las hace por mí y muy bien. El poder que tengo sobre ella me resulta muy interesante.

-Debes continuar tu proceso de evolución en otro plano mucho mejor que éste. Sigues apegada a tu trabajo y por eso no crees que exista otro lugar, ya que en éste influyes mentalmente a tu amiga para que plasme tus ideas en sus obras y eso te fascina. Pero como te has dado cuenta, no puedes hacer las cosas por ti misma y esto debe indicarte que debes aceptar tu nueva realidad para poder empezar a ver el mundo maravilloso que te espera: una nueva vida llena de amor y armonía. Sólo tienes que desear salir del estado en el que te encuentras y pedir ver la luz para que ella se haga, le dije.

-¿Cómo puedo saber que eso existe? Me dices cosas que nunca oí y que no creo. El decir que sólo debo solicitar la luz es muy fácil, es como si fuera brujería y no lo creo. ¿Cómo es que no veo la luz, sin embargo veo cierta luminosidad cuando me hablan y cuando pronuncian la palabra amor?

-Estamos mandándote pensamientos de amor. Por eso ves cierta luz a nuestro alrededor. Todo es energía, y es la energía de nuestros pensamientos la que percibes. Mientras más llenos de amor estén, más luz verás. La muerte no existe: es, más bien, la puerta para la verdadera vida donde continuamos nuestra ascensión.

-Todos los seres humanos estamos en un proceso de crecimiento espiritual y éste se logra a través del desapego y la aceptación de nuestras circunstancias. Para que tú puedas percibir la luz, el amor y la paz que te esperan debes reconocer humildemente que ya no te toca estar aquí y abrir tu mente a nuevas realidades. Sólo tienes que desear ver la luz.

-Me dices cosas que no creí nunca y ahora comienzo a dudar.

-Antes creía que la muerte era aniquilación total y ahora veo que no es así. Sí siento como un bienestar cuando me hablan pero quiero seguir creando belleza y arte y si me voy a otro lado ya no podré hacerlo. (En ese momento el gato que estaba en el estudio lanzó un prolongado maullido). *Miren, este ser que acaba de llorar me acompaña en mi soledad y me ve, es el único que me ve.*

-De mucha belleza será lo que crearás si te dejas llevar adonde te corresponde. Tienes que confiar en lo que ha sucedido y entregarte a la voluntad divina. Esto que dices crear, no es nada comparado con lo que crearás en otros planos maravillosos.

-Me dicen que ya no me corresponde estar aquí. Se me hace difícil creerlo. Sin embargo, voy a reflexionar sobre esto y en otra ocasión hablaremos.

Nos concentramos en enviarle energía amorosa y le dijimos que, si se iba a la luz, esa agradable sensación se vería magnificada.

-Me dan algo que no sé qué es. Lo siento muy agradable, es cierto, pero creer que si me voy de aquí, ese será mi sentimiento, es difícil de aceptar. De cualquier manera, muchas gracias por sus buenas intenciones. Hasta la vista.

Una semana más tarde volvimos a entablar conversación con Camila.

-Buenas tardes, queridas amigas. He estado reflexionando sobre lo que dicen y no estoy convencida. Es cierto que en el plano donde me encuentro no soy completamente feliz, pero, ¿acaso lo fui durante mi estancia en la tierra?

-La felicidad no es un lugar específico sino un estado de consciencia. No fuiste feliz en la tierra ni tampoco ahora porque sigues atada a tu ego. Es tu ego el que piensa que tu felicidad depende de algo externo a ti.

-Me dicen que este lugar y la Tierra no es la felicidad. Entonces, ¿dónde está?

-No puedes descubrir la felicidad porque sigues aferrada a lo que dejaste en este plano. La felicidad está en aceptar la vida como se presenta, en actuar por amor y no por egoísmo.

-Estoy separada de todo lo que me gusta y amo. ¿Cómo no quieres que esté infeliz?

-Aquello que amas fue lo que necesitaste vivir en su momento. Ahora te toca vivir una etapa en la que ya no te sirve. Deja momentáneamente esos pensamientos y desea ver la luz. ¿No ves la que te estamos mandando?

-Sí la veo pero es la única y cuando ustedes hablan hay una especie de resplandor.

-Es la luz del Creador que está en todo lo que existe. De Él salimos y a Él hemos de volver. Déjate llevar hacia esa luz que es amor, paz, armonía, belleza.

-Me dices que hay un Creador, pero no lo veo ni creo que exista. Son tonterías eso creer en un Ser Supremo.

-Lo que existe no pudo haber salido de la nada. Ve la maravilla de estructura del cuerpo humano: tuvo que haber una inteligencia superior que la concibió para que funcione como lo hace.

-Podrías convencerme si veo lo que es la construcción del cuerpo humano. Es en verdad maravilloso pero tiene un gran defecto y es que no dura para siempre.

Le explicamos que el cuerpo es sólo el instrumento que utilizamos para trabajar en este plano y que ahora le esperan nuevas experiencias mucho más interesantes donde su creatividad se incrementaría en grados inimaginables.

-*Me dan esperanzas de algo que no puedo creer, pero si me piden que solicite la luz, lo haré.*

-Pídele a Dios que te ayude.

-*Me dan ganas de creerles. Donde estoy hay mucha obscuridad y no veo luz. Necesito ver la luz, denme fuerzas para dejar mi orgullo.*

Continuamos diciéndole que buscara la luz al tiempo que se la enviábamos mentalmente. Elevamos oraciones, también, ya que el rezo es una energía que ayuda a estas pobres almas aferradas a lo que ya no les corresponde, para elevarse y desapegarse de este plano.

-*Siento algo cuando ustedes hablan. Denme fuerzas. Ya comienzo a ver esa luz de la que hablan. Al verla siento calor y bienestar... Se da a quien la pide desde el fondo del corazón... Voy a ella y me siento más ligera... Me dan fuerzas para elevarme... Gracias, ya veo seres que tienden sus manos hacia mí y al ir hacia ellos siento bienestar... Adiós, querida Isabel, no vale la pena seguir aquí. Creo que nuestras amigas tienen razón. Si rezan me ayudan. Ya entendí el proceso. Adiós y sigan ayudándome.*

CREACIÓN Y MUNDO ILUSORIO

Para comprender el proceso de la muerte tendríamos primero que tratar de entender el significado de la vida, qué somos, de dónde venimos adónde nos dirigimos y el objetivo de nuestra existencia en este plano.

A continuación un mensaje de nuestros maestros espirituales:

La Fuente de Vida a la que llamamos Dios, Creador, Conciencia Universal, Altísimo, es la que genera la energía que conforma el universo conocido y lo desconocido.

Esta energía vibra a diferentes ritmos o frecuencias vibratorias y de diferentes maneras, formando así las diversas manifestaciones de materia y de planos de consciencia. Él es movimiento y expansión continua, no podría ser inmovilidad porque No sería, la inmovilidad sería muerte verdadera, vida es cambio y movimiento. Elige manifestarse, primero expandiéndose en múltiples formas, absorbiéndolas después.

En el principio era Él, quien era todo lo que existe. Conociéndose Él conceptualmente decide experimentarse a sí mismo, por lo que se divide en multitud de pequeñas partículas de su propia esencia dándoles la libre decisión de actuar como ellas lo deciden. Su esencia que es conciencia y sabiduría infinitas, amor y misericordia, equilibrio, armonía y felicidad. Así comienza la creación: las chispas de su conciencia crean los diferentes planos dimensionales, utilizando la materia prima proveniente del Creador, la energía universal. Él se manifiesta a través de su creación, vive y actúa mediante las experiencias de sus criaturas.

Al irse densificando su energía empieza por crear a los seres que son emanación directa de su esencia que se encargan de asistirlo en su idea de diferentes realidades y universos. Estas entidades de altísimo poder e inteligencia son los responsables de la creación de mundos y seres vivos que servirán de habitación los unos y de vehículos los otros a las chispas de consciencia divina que se convertirían en seres evolutivos. Este universo físico al cual pertenecemos los seres humanos es el de mayor densidad y sirve para comprobar nuestra verdadera naturaleza, ya que en la densidad en la que nos sumergimos nos olvidamos de quienes somos y de donde venimos.

Los seres evolutivos que somos los seres humanos, al habernos originado en la Luz divina, eso mismo somos y no conocíamos otra cosa. Para conocer la magnificencia, sabiduría y grandeza de Dios necesitábamos separarnos y experimentar lo que No-Es: entrar en la ilusión del mundo dual, donde todo tiene su opuesto, luz y oscuridad, bien y mal, dolor y placer, felicidad y sufrimiento. "Salir del Paraíso y probar del árbol del conocimiento del bien y del mal".

Mientras estábamos en el Absoluto no podíamos apreciar nuestra magnificencia no habiendo nada con que compararla pues todo es magnífico y no hay nada que difiera de ello. Aunque lo único que tiene existencia real es Él, se necesitaba, para conocerlo, inventar algo que fuera en cierta forma su opuesto: el no amor o egoísmo, la crueldad, el miedo, y vivir todas estas experiencias con sus efectos inarmónicos para llegar a lo que somos: amor, fe, armonía. Al haber experimentado la ilusión y sus resultados insatisfactorios llegamos poco a poco a entender lo que Es en contraposición con lo que No- es.

¿Con qué objeto hemos bajado a la más profunda densidad de la creación? Al visitar diferentes dimensiones nuestra voluntad creadora se estimula y deseamos experimentar toda clase de vivencias, aun las más difíciles. Nuestro deseo de entender verdaderamente lo que somos y la maravilla que es el Infinito, nos llevó a condensarnos y limitarnos en el mundo físico para disfrutar después de lo que es ser ilimitado. Al bajar al mundo del olvido de lo que somos realmente, nos sentimos solos y abandonados, cubriéndonos de miedo. Es el miedo el que mueve al mundo, es por eso que nace el ego que exige ser superior a los demás, que busca el reconocimiento y la aceptación del mundo, que desea poseer cosas materiales y que necesita controlar a los que lo rodean.

En el trayecto de la recuperación de su verdadera identidad, se dan muchos tropiezos y se enreda el ser humano en multitud de pequeñeces que generalmente tienen que ver con alimentar al ego, léase miedo. Mientras no se llegue a comprender que no estamos solos, que formamos parte del Todo y que no necesitamos del ego y de la satisfacción de sus deseos para ser felices, no se puede alcanzar la plenitud que se obtiene en la conciencia de unidad.

Se incluye un mensaje recibido sobre los deseos:

El verdadero sacrificio que se nos pide es erradicar nuestros deseos terrenales, que siempre van dirigidos por el miedo, al tratar de buscar la plenitud en donde no está. Nuestros deseos son siempre paliativos para nuestra desolación, pero cuando tomamos consciencia de que la única cura posible contra el miedo y la desolación es volver a la UNIÓN *con el* TODO, *no necesitaremos ya satisfacer ningún deseo terreno.*

El sufrimiento nace de los deseos incumplidos y éstos son la trampa del mundo físico. No se necesita desear lo positivo porque en realidad es lo único que existe. Nuestra esencia es armonía, felicidad, unidad y lo que se vive en el mundo dual difícilmente es verdad porque se vive en un sueño irreal. Es por eso que se tienen deseos de todo tipo, para tapar la infelicidad que produce la separación. Basta con despertar a nuestro Ser real y en ese estado no se necesita desear nada porque se tiene todo, los deseos desparecen, sólo se experimenta la plenitud que no admite ninguna carencia: se es uno con el Todo.

El amor humano es necesario porque a través de él buscamos en realidad la unión con lo que hemos perdido en conciencia, que es la unión con Dios. Es cierto que una cosa es saberlo y otra sentirlo profundamente, pero en cuanto más se conciencia esto, más se va grabando este concepto en nuestra alma. Poco a poco iremos necesitando menos de ese complemento con otro ser humano; al entrar en contacto con nuestro Ser, experimentamos la verdadera plenitud y entonces no necesitaremos ya de una persona puesto que experimentaremos la verdadera unión.

Todo lo que sale del Creador regresa a Él, primero se aleja de esa fuente original en un proceso que denominamos involución y después regresando mediante el proceso de evolución. Aunque en realidad nunca nada se aleja ya que siempre estamos en Él, sostenidos por su divina voluntad. La separación se refiere al estado de consciencia en el que al bajar a la densidad del mundo físico vamos perdiendo consciencia de nuestra esencia y origen; el regresar a él significa volver a abrir la consciencia a la divinidad que está en el núcleo de cada ser humano.

El Creador dio individualidad y libre decisión de actuar a las partículas de su consciencia que son la esencia de cada ser humano, para crear mundos y realidades donde se expresen. Somos el medio a través del cual Él mismo se manifiesta y nos ha dado la libertad de experimentar la vida como cada quien decide, entendiéndose por vida el doble proceso de involución y evolución desde el momento de nuestra individualización hasta el momento de la fusión en el Todo. Nuestras experiencias son suyas, puesto que al estar Él en todo lo que existe, percibe y es su voluntad que así sea todo lo que acontece al más ínfimo de sus criaturas. De ahí la frase "No se mueve la hoja del árbol sin la voluntad de Dios".

Somos la manifestación material de la Consciencia Pura que es mente, de la cual emana el pensamiento que antecede a toda creación. Su voluntad es expresarse en movimiento, lo cual da origen a la creación. Somos los instrumentos de su inteligencia creadora que se expresa a través de la miríada de inteligencias individualizadas. Nuestras experiencias, así como las de los ángeles y toda criatura de cualquier nivel de la escala vibratoria, lo están nutriendo y se mueve y expande mediante los diferentes actos creadores de sus criaturas. En el caso, por ejemplo, de los que hemos decidido bajar al mundo físico, creamos cada una de nuestras experiencias, primero los obstáculos y después la manera de resolverlos; son el gran juego de la vida en el que ponemos a prueba el poder creativo que nos ha sido otorgado. De esto se trata la experiencia del mundo dual, de desarrollar nuestra creatividad de mil maneras hasta encontrar la salida del laberinto. Aunque Dios nos da la libertad de actuar según cada uno lo entienda, su voluntad sostiene a todas las voluntades y a través de sus leyes todo regresa a la armonía, es decir a Él.

No se puede comprender lo infinito con un instrumento finito como es nuestra mente actual y el desentrañar los misterios de la creación no está todavía a nuestro alcance. Pero en cuanto nuestra conciencia se va abriendo y su atención se va elevando a otros planos, se van entendiendo mejor las verdades cósmicas.

A continuación transcribimos el mensaje de un alma que se encuentra ya en el mundo espiritual:

La verdad está dentro de cada uno y aún en este plano, mientras no se llega a la consciencia cósmica, no se tiene en su totalidad. Es verdad que cuando se desencarna se ven los conceptos con mayor claridad al no estar inmersos en la densidad del cuerpo físico, pero no se alcanza la sabiduría del Creador hasta no franquear las etapas que llevan a Él.

Frecuentemente se cree que solamente existe un camino para llegar a Dios y este es el que cada uno ha optado como bueno. Todos creen poseer la verdad absoluta y que los demás están en el error. Pero en el estado de consciencia de la humanidad actual se está a mil años luz de comprender, dominar y recibir la verdad divina en toda su magnitud. Son únicamente vislumbres los que se pueden alcanzar y es por lo que cada quien tiene diferente concepto de ella. No es que unos estén en el error y otros en lo cierto sino que algo de lo que creen corresponde a un aspecto de la verdad interpretado por cada uno al alcance de su consciencia, que se encuentra en estado más o menos elemental.

¿Cómo podría el Creador tener escogidos entre sus hijos si a todos nos ama de igual manera? ¿Cómo podría revelarse únicamente a unos cuantos dentro de los millones de seres humanos que habitan y han habitado el planeta? Todos tenemos dentro de nuestro ser esa chispa de su consciencia donde se guarda la verdad absoluta. El trabajo a realizar es hacer que se manifieste pero si en lugar de erradicar el ego soberbio que piensa ser poseedor de la verdad, lo enaltecemos con fanatismo, estaremos cubriendo cada vez más esa luz interna que sólo emergerá a través de la humildad y el amor. El día que comprendamos que no poseemos la verdad sino que estamos en su búsqueda, habremos dado un gran paso en el proceso de encontrarla.

Hay muchos caminos para llegar al encuentro con el Creador y todos llevan a Él, aun los que están equivocados, ya que del error también se aprende, pero lo único que podemos saber es que el camino recto es a través del amor y la humildad. ¿Cómo se puede caminar entonces en el camino correcto? Actuando en amor y siendo humildes, es decir, comprendiendo que somos la manifestación del Altísimo de igual manera que el resto de la creación; que no existe superioridad de ninguna especie entre sus criaturas, sólo diferentes niveles de evolución y de propósito y que lo que somos se lo debemos a Él en su objetivo de creación.

Hay multitud de conceptos que escapan a nuestra comprensión pero si nos abandonamos a su voluntad, si vivimos la vida con fe y humildad, nuestro entendimiento se aclarará cada vez más. El eterno problema del ser humano, la soberbia de creer tener siempre la razón además del deseo de manipular a los demás imponiendo el propio criterio, es responsable de los sectarismos y las divisiones. Pero se está gestando ya la nueva consciencia de la humanidad en la que desaparecerán las facciones y se llegará a la religión universal basada en el amor.

Toda materia física necesita de una sustancia espiritual, o mónada que la anime para existir. Al comenzar el proceso evolutivo se densifica ésta sustancia para habitar en un principio en el reino mineral dando energía y vida a los átomos que lo conforman en forma grupal, es decir, una misma mónada o alma grupal anima a un gran número de minerales. Al ser su vibración muy lenta sólo necesita vibrar al unísono con los átomos que conforman los minerales. Después de tomar experiencias en ese reino sus vibraciones comienzan a sutilizarse y pasa a animar el reino vegetal en el que ya existe lo que se llama vida y donde ya se encuentra cierta forma de sensibilidad. Al acabar su experiencia en el mundo vegetal se integra al mundo animal llevando consigo sus vivencias del mundo mineral y vegetal vibrando cada vez más sutilmente y a la vez animando cada vez a menos sujetos. Entre más elevada es la forma de vida la mónada o alma va siendo más individualizada y entre mayor su individualidad, mayor es su grado de consciencia. Necesita el alma humana de elemento álmico de los reinos mineral, vegetal y animal para adaptarse al mundo físico.

El alma es el receptáculo de la chispa de consciencia divina que, al desear experimentar el mundo tridimensional entra en un vehículo álmico primero y después en un cuerpo físico. La chispa divina no tiene emociones, al tomar elemento álmico de animales que ya tienen todo eso además de lo que se entiende por instinto que sirve para la supervivencia y la conservación de la especie se obtiene un alma que ya tiene herramientas para adaptarse a la experiencia física.

Este proceso se prepara poco a poco a través de las diferentes etapas de la creación y por eso la vida comienza en forma mineral primero, después vegetal y al final animal, antes de aparecer en forma humana.

DIFERENTES NIVELES DE CONSCIENCIA O DIMENSIONES

La realidad del mundo físico, que es la que conocemos a través de nuestros cinco sentidos, no es la única. Todo en el universo está formado por energía que vibra de diferentes maneras y frecuencias vibratorias, lo que da como resultado diversos niveles de existencia tan reales como este. "Hay muchas mansiones en la casa de mi Padre" dijo Jesús, refiriéndose a los diferentes niveles de consciencia o dimensiones que van desde el mundo físico hasta El Creador. Los llamados muertos sólo cambian de realidad, no van a ningún lugar, son mundos ínterpenetrantes como los diversos cuerpos del ser humano en el que cada cuerpo vive y actúa en una dimensión diferente.

Todo lo que es, está. No hay diferentes lugares, sólo diferencia de frecuencia vibratoria. El universo físico que el ser encarnado puede percibir es infinito como lo son todos los demás planos vibratorios y demás universos. Lo que llamamos Dios es todo eso y está en todas partes, no como algo ajeno a su creación sino integrado a ella. Se dice que el universo físico es infinito porque no está contenido en un espacio, es la manifestación física de la infinitud del Creador y cuando éste se absorbe otro se expande sin fin, por eso se habla de infinito.

Al referirnos a los diferentes niveles de consciencia o dimensiones, se entiende que se trata de etapas que hay que franquear, en las que en cada una se adelanta en las cualidades del Ser Supremo que están latentes en nuestro ser. Las diferentes dimensiones no se deben entender como lugares sino como estados de consciencia, como planos vibratorios que se van alcanzando conforme más alto se vibre. Se dice que son siete pero cada una tiene incontables niveles y grados vibratorios y su numeración es meramente ilustrativa.

Durante el paso por la tercera dimensión se olvida el ser humano del verdadero objetivo de la vida: manifestar la energía divina que es su esencia. Al sentirse separado del resto de la creación tiene miedo, contrarrestándolo con la necesidad de reconocimiento, de control sobre los demás, de aceptación, de poseer, actitudes todas que conforman el ego. Se apega a todos los falsos placeres que le ofrece el mundo físico, lo que provoca que vuelva una y otra vez a él. Para trascender esta dimensión necesitará pasar por múltiples y variadas experiencias que le ayuden a des identificarse con su ego y a reencontrar el sentido de unidad.

Una vez que pasemos la etapa en que ya no necesitemos reencarnar en forma humana, cuando ya hayamos vivido toda la gama de experiencias que nos lleven a erradicar el ego, seguiremos nuestro aprendizaje pero ya sin la necesidad de materializarnos. Se pasa entonces a la cuarta dimensión, cuyo vehículo será de más alta vibración y ya no sujeto a la muerte ni limitado por el espacio tiempo. Esto es lo que se entiende por resurrección. Después de aprender a actuar con verdadero amor y llegar al concepto de unidad con toda la creación se abre a la consciencia de la quinta dimensión en la que se obtiene la sabiduría o el conocimiento de las leyes cósmicas y la comprensión del plan de la creación.

En seguida se llega a la consciencia de sexta dimensión en la que se alcanza con mayor plenitud el don de la creatividad pero en total armonía con el orden cósmico. El final de esta dimensión es un movimiento hacia el entendimiento y la aceptación absoluta de que nunca hemos estado separados, hacia la unión con el Todo.

La séptima dimensión ha sido descrita como la fusión en el Todo y es imposible de describir, solamente la llamaremos Dios.

De lo que se trata en este proceso evolutivo es de ensanchar la consciencia, de abrirse a la propia luz, de despertar hacia lo que realmente somos.

LOS SIETE CUERPOS

El ser humano está constituido por varios cuerpos, cada uno de materia distinta en frecuencia vibratoria, que se ínterpenetran e interactúan y de los cuales el físico es el único que podemos percibir con nuestros cinco sentidos. Son diferentes aspectos del ser y se consideran cómo estados de consciencia o capas energéticas. Todo obedece al pensamiento y los diferentes cuerpos de los que está constituido el ser humano son emanaciones del espíritu o consciencia en su acción pensante. Cada uno pertenece y actúa en una dimensión diferente, por lo tanto, somos seres multidimensionales, aunque actualmente solamente tenemos conciencia del plano físico.

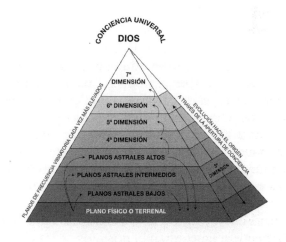

El espíritu o consciencia pura se desdobla, al densificarse, en varios aspectos. La triada superior compuesta por el cuerpo espiritual o chispa divina, el cuerpo causal en el que se graban las experiencias recibidas durante todo el proceso de manifestación y evolución y el cuerpo mental superior que es el que procesa los pensamientos que vienen del espíritu. Siguen los cuatro cuerpos inferiores que son: el mental inferior que recibe los pensamientos egocéntricos, sigue el aspecto emocional o cuerpo astral donde se generan las emociones necesarias para vivir en el mundo tridimensional; a continuación el doble etérico que es el que recoge la energía universal que dará vitalidad al cuerpo físico. Esto nos da un total siete cuerpos.

Nuestros diversos cuerpos son en realidad capas energéticas de diferente frecuencia vibratoria. El cuerpo físico es el más denso y opera básicamente con electricidad; está compuesto de materia física que es energía vibrando a muy baja frecuencia. Está impregnado por su contraparte etérea o doble etérico que es el elemento indispensable para que sus átomos se cohesionen; ese elemento está presente en cualquier objeto formado de materia física. Como su nombre lo indica, es materia etérica que está constituida de energía universal cuya función es absorber esa energía para vitalizar cada átomo del cuerpo físico, de ahí que sea la perfecta réplica del cuerpo humano. El doble etérico, llamado también cuerpo bioplasmático, en el momento de la muerte se desprende del cuerpo físico y después de algún tiempo se desintegra también. Estos dos cuerpos, que en realidad son uno, son la parte mortal del ser humano.

El cuerpo emocional o astral es el que le sigue en densidad; en él están depositadas todas las emociones, deseos, pasiones y sensaciones. Es el molde energético que da lugar al cuerpo físico, vive y actúa en los niveles del Astral y es de la misma forma que el físico pero de materia más sutil. En este cuerpo se generan las enfermedades para manifestarse luego en el cuerpo físico. Su vida dura mientras perdure el paso por la tercera dimensión. Está formado por ondas mentales y se contrae cuando necesita tomar otra forma, entrando en el cuerpo de la futura madre, quien al recibirlo va dándole forma con los nuevos genes, como resultado de las condiciones que el ser superior decide tomar para su nueva experiencia en el mundo físico.

Este cuerpo, en el que residen las emociones, se va elevando en vibración conforme se va reaccionando menos a éstas y se disuelve cuando se deshace el ego separatista, es decir, al acabar la experiencia de la tercera dimensión. Podemos decir que el cuerpo astral es el que nos sirve para ir y venir al mundo físico y que, una vez trascendida esa necesidad, desaparece.

El cuerpo mental en sus dos aspectos, sigue en sutileza y está compuesto de ondas mentales también, sirve para procesar los pensamientos, tanto los provocados por nuestros cuerpos inferiores, cuerpo mental inferior, como los que provienen del Yo superior o Espíritu, cuerpo mental superior. Pero mientras nuestra atención esté únicamente enfocada en los cuerpos inferiores no podremos tener acceso a los que provienen de los cuerpos superiores. Este cuerpo es el que hace el enlace entre ambos. En él se originan los pensamientos, las creencias, los conocimientos y se almacenan todos los pensamientos, los negativos y los positivos. Estos últimos son los que ayudan a hacerlo crecer y desarrollar. Su influencia sobre los tres cuerpos inferiores es decisiva. Estos se equilibran y perfeccionan cuando el cuerpo mental inferior se refina a través de la meditación, la auto observación y la transmutación de los pensamientos.

En el cuerpo mental inferior es donde se establecen los juicios y actitudes o estructuras rígidas en nuestro sistema de pensamiento. En él se forman los pensamientos nacidos del sentido de separación o ego, es decir, los que están basados en el miedo de sentirnos solos y vulnerables. Son estos los pensamientos egocéntricos. Cuanto más rígida se vuelve la sustancia de nuestro cuerpo mental, más difícil es fluir con la vida, aprender nuevas formas de vivir y adquirir nuevas ideas necesarias para progresar en nuestra carrera evolutiva. Nuestro cuerpo mental es el instrumento del que se sirve el espíritu para sutilizar los cuerpos densos. Es el punto de enlace entre lo material y lo espiritual porque la mente, con su acción pensante, es la que origina la calidad de la materia, es decir, el estado de evolución de las manifestaciones física y astral, la que actúa en pro o en contra del equilibrio cósmico, responsable por lo tanto de las acciones del ser humano y de su reacción correspondiente, o sea de la causa y el efecto. Si la mente sutiliza sus pensamientos, la materia de los cuerpos inferiores se sutilizará también. Este cuerpo no desaparece, sólo va acelerando su vibración hasta recibir únicamente los pensamientos provenientes del Yo superior, que es amor, lo cual hará que su aspecto inferior se diluya y se convierta en luz.

Las acciones son conscientes y provienen del cuerpo mental mientras que las reacciones o las actitudes llamadas instintivas son provocadas por el cuerpo emocional. Se reacciona ante un estímulo emocional y se actúa obedeciendo a un pensamiento reflexivo. Las emociones como los pensamientos varían de vibración por lo que en ambos existen los negativos y los positivos. En el nivel de consciencia en el que se encuentra actualmente la humanidad se sigue reaccionando la mayor parte de las veces a los estímulos del cuerpo emocional. El cuerpo emocional y el mental inferior son los que sirven para experimentar la dualidad.

El cuerpo causal es el que guarda todas las experiencias a través de las cuales el ser ha pasado durante un largo proceso de evolución. Como su nombre lo indica se relaciona con el mundo de las causas de donde sale la personalidad, las cualidades, tendencias y todo lo que ha adquirido el ser humano en el sendero del perfeccionamiento. Es también donde se inscribe el karma. Ahí están inscritas las tendencias y las capacidades contra las cuales y con las cuales deberá trabajar para progresar en el camino de la evolución.

Una vez purificados los cuerpos inferiores, el mental y el causal seguirán su ascensión hacia los planos superiores, convirtiéndose todos ellos en luz.

El cuerpo espiritual es el más elevado de todos y el que da origen a los demás. Para llegar a descubrirlo se tiene que trabajar en la aceleración vibratoria de los demás cuerpos. Es nuestra parte divina la que tenemos que descubrir. La intuición es el reflejo de nuestra sabiduría proveniente del ser real o espíritu. De ahí emana la intuición que es más precisa cuanto más se abra el ser a su Yo esencial. Pero al estar más ocupados con los pensamientos provenientes del ego pocas veces escuchamos nuestras intuiciones.

El cuerpo físico se manifiesta en el plano de la percepción tridimensional. Es el plano donde el pensamiento es visible en la forma tridimensional llamada materia física.

Cuando el ser humano vive en el mundo físico toda su atención y su pensamiento se enfoca a este plano donde se expresa, olvidándose de las otras realidades de donde proceden sus otros cuerpos. Al salir del mundo tridimensional mediante el proceso de muerte física, el pensamiento ya sea que siga atrapado en esa dimensión y entonces vuelve a manifestarse en ella o eleva su vibración al siguiente plano de consciencia donde se sigue expresando;- continúa el proceso de aceleración de la vibración de los cuerpos emocional, mental y causal, convirtiéndose todos ellos en luz y uniéndose finalmente al Creador.

De cada uno de estos cuerpos emana un aura que es el campo electromagnético que rodea a todo ser viviente.

La muerte y el astral

En la primera fase de lo que se entiende por la muerte sobreviene el desprendimiento de los dos cuerpos perecederos; en ella el individuo ve a su cuerpo físico, al que acaba de dejar y al mismo tiempo se encuentra en uno tan sólido y real como el que tenía. Esto se debe a que pasa a un plano de realidad diferente que es el astral. Sus cuerpos sutiles están envueltos en la forma energética o molde energético que daba lugar al cuerpo físico.

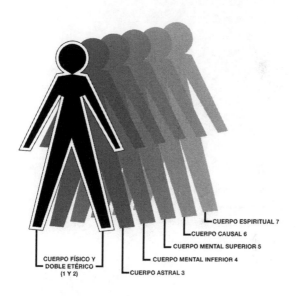

CUERPO ESPIRITUAL 7
CUERPO CAUSAL 6
CUERPO MENTAL SUPERIOR 5
CUERPO MENTAL INFERIOR 4
CUERPO ASTRAL 3
CUERPO FÍSICO Y
DOBLE ETÉRICO
(1 Y 2)

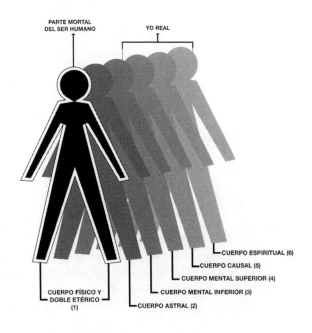

PARTE MORTAL
DEL SER HUMANO

YO REAL

CUERPO ESPIRITUAL (6)
CUERPO CAUSAL (5)
CUERPO MENTAL SUPERIOR (4)
CUERPO MENTAL INFERIOR (3)
CUERPO FÍSICO Y
DOBLE ETÉRICO
(1)
CUERPO ASTRAL (2)

El Astral es el mundo espiritual que pertenece a la tercera dimensión y consta de tres planos principales, cada uno subdividido en varias esferas, siguiendo la frecuencia vibratoria que las rige. En los diferentes planos astrales se encuentran las almas en tránsito esperando, ya sea volver a encarnar o seguir evolucionando hasta obtener la frecuencia vibratoria necesaria que les permitirá acceder al siguiente plano o cuarta dimensión.

El Bajo Astral es donde se encuentran los desencarnados cuya vibración es muy baja ya que siguen fuertemente apegados al plano terrestre. En el Bajo Astral también hay diferentes niveles que corresponden al estado de consciencia de quienes se encuentran allí. Desde los que están sumidos en la soberbia, el odio, la venganza, la culpa y los diversos apegos, hasta los que sólo vagan desorientados al no saber a dónde dirigirse, ya sea por creer que nada existe después de la muerte física, o por no haber encontrado lo que esperaban. Los que allí se estacionan están en lo que se considera como el purgatorio o el infierno; ambos estados son voluntarios y no son eternos. Todos ellos se encuentran en la oscuridad y el frío mientras no ven la luz del Mundo Espiritual que los llevará al plano que les corresponde.

Sigue el Astral Medio en cuyas diferentes esferas están la mayoría de los seres humanos en el estado evolutivo de la humanidad actual. A continuación se encuentra el Alto Astral adonde van los seres más evolucionados y de donde se pasa a la cuarta dimensión o se decide bajar al plano terrenal para ayudar a los que están más atrasados.

Al llegar al astral el ser puede sentirse desorientado porque no sabe lo que le acontece. Pero si en el momento de la muerte, ya sea antes o después de ésta, el ser se entrega a Dios pidiendo ayuda o elevando una oración, lo cual es muy común, la luz se hará de inmediato. Ahora bien, si su apego a lo que acaba de dejar es grande, eso mismo le impedirá continuar su ascensión hacia el plano que le corresponde y se verá rodeado de oscuridad. Es en esos momentos en los que la intervención de aquéllos que seguimos en la tierra, con oraciones o hablándoles directamente es muy útil, en virtud de que la vibración de los recién desencarnados es muy afín al plano físico.

Mientras nos encontramos en la Tierra le damos valor a lo que en realidad no lo tiene y generalmente nos dejamos llevar por nuestros impulsos y deseos; cuando llegamos del "otro lado" nos damos cuenta que todo aquello que nos era preciado no nos sirve de nada.

LO QUE SE LLAMA MUERTE ES EN REALIDAD RESURRECCIÓN

Viví aferrado a todo lo que veía de bello, ya fueran mujeres, coches, obras de arte, casas, etc. las cuales compraba con mi dinero. No había para mí otro valor que mi deseo y cualquier medio era bueno para obtenerlo.

Morí de repente, robando sin escrúpulos cuanto pude y fue mi deseo. No creía entonces que esto era malo pues el mundo es una selva en la que luchan todos contra todos. Mi consciencia estaba dormida y supeditada al dictado de mis deseos. Siempre que lograba conseguir algo que había anhelado me producía gozo profundo pero ¡Ay! qué poco duraba. Era como una estrella fugaz, por lo que de inmediato buscaba un nuevo interés al cual dedicaba toda mi energía e inteligencia. Llegué a este lugar cuando yo no esperaba nada; para mí la muerte significaba la nada y fue grande mi sorpresa al verme vivo y en un lugar desconocido.

No sé cuánto tiempo llevo aquí pero pasé de la desesperación primero a la rebeldía de haber perdido todo lo que me pertenecía y al no encontrar consuelo ni sentido a lo que me pasaba, empecé a reflexionar sobre la vida que acababa de llevar. Ya sin el cuerpo físico es más fácil entender mucho de lo que es la vida. Me di cuenta de que mi vida había estado regida por mi deseo de poseer todo, de controlar a mi alrededor y comprendí que no era lo correcto. ¿Cómo llegué a esa conclusión? Porque, analizando mis sentimientos me di cuenta de que en esa actuación nunca encontré paz y armonía, siempre había desazón y eterna insatisfacción. Me acordé entonces de cuando en alguna ocasión ayudé a alguien o me compadecí de un amigo o de cualquier persona y el sentimiento que experimenté después. Ese sí me llenaba de paz y satisfacción.

¿Cómo se puede estar tan ciego cuando se está en la Tierra y no darse cuenta de esto? Nos pasamos la vida luchando por obtener cosas que a la hora de la muerte, que a todos nos llega, no sirven de nada, en lugar de insistir en las actitudes que provocan la verdadera felicidad.

Ahora me encuentro ya en un lugar menos oscuro pero sin saber bien qué hacer. Oigo voces que me llaman y me dicen que me dirija a la luz, no veo ninguna y en lugar de eso me llevaron con ustedes ¿Me pueden decir qué hacer?

Un día nos llegó este llamado de un desconocido; le explicamos, como lo hacemos en estos casos, el porqué de su situación y cómo llegar a la luz, al cabo de lo cual terminó diciendo:

Me atrae una luz que no puedo describir, un remolino de colores que se convierten en luz brillantísima pero que no ciega. Me acerco cada vez más, se hace más y más grande y brillante. ¿Cómo fui tan necio en negar la existencia de Dios? Esto es el paraíso, veo gente salir de ahí que me llaman. Me voy... gracias... ya comprendí lo que es la vida y lo que se llama muerte que es en realidad resurrección.

Adjuntamos este texto recibido sobre el egocentrismo:

El individuo egocéntrico nunca es feliz, es más, generalmente se desarrolla en esta clase de personas una fuerte neurosis. La razón es que se alejan de su verdadero ser, de su esencia al centrarse únicamente en su persona. Es la actitud separatista por excelencia que cree encontrar la felicidad en el halago, la aceptación y la superioridad sobre los demás. Esto no trae más que frustración pues nada de esto llena el vacío existencial del ser humano que se separa en consciencia del Todo.

Cuando el ser humano busca llenar ese vacío con deseos de todo tipo, objetos materiales, placeres satisfechos, dinero, fama, poder, se encuentra que a cada deseo cumplido le sigue otro de inmediato, que cada objeto obtenido después de febril espera, no le llena como esperaba pues el placer que le proporciona es efímero. El dinero no le proporciona tampoco la felicidad y en cuanto a la fama y el poder lo aíslan cada vez más de sus congéneres.

Esta postura es en extremo dolorosa porque se actúa completamente en contra de lo que somos y que sin saberlo anhelamos, la unión con todo lo que existe. El sentirse separado y superior no hace más que acentuar la desolación del alma al haber perdido la consciencia de unidad.

Lo único que da la verdadera felicidad es el amor incondicional porque es la energía de la que estamos constituidos y cuando se actúa en amor se está actuando en concordancia con lo que somos.

"HÁBLENLE A LA CABRITA"

Esta experiencia es especial para nosotros porque ha sido de las que mejor hemos podido comprobar como verdaderas. En uno de nuestros grupos de meditación asistía Teresina, cuyas facultades especiales nos sorprenden. Médium y vidente, no sólo tiene la capacidad de ver otros planos de realidad sino de servir de intermediaria; otros seres hablan por su voz.

En una de las sesiones de meditación, por la voz de Teresina se comunicó con nosotros Eduardo, a quien conociamos. Nunca hubiéramos pensado que necesitara nuestra ayuda; estábamos conscientes de la vida recta, incluso estricta, que había llevado. Nos reclamó , siempre a través de Teresina, el no haber recibido auxilio alguno de nosotros. Le confesamos no haber pensado en él a pesar de los repetidos mensajes que nos había enviado y que no supimos interpretar.

No lograba evadirse del Bajo Astral, retenido por sus complejos de culpa y por miedo al castigo prometido bajo los parámetros de sus conceptos religiosos tan rígidos. Oramos, conversamos con él y lo convencimos de ir a la luz. Antes de partir nos dijo:

-Gracias por ayudarme tanto, sigan ayudando a quién está atorado, hay millones y millones como yo. Estoy con Julio, ayúdenlo diciéndole a su hija, "La Cabrita", que está bien y con eso se tranquilizará.- A continuación nos dictaron un número telefónico diciéndonos que preguntáramos por Elena.

Al tiempo que recibíamos esto, la vidente del grupo vio claramente como el llamado Julio se ahogaba en el mar. Estábamos desconcertadas ante esta información y sin saber qué hacer. Finalmente nos decidimos a llamar al número indicado preguntando por Elena que en efecto se encontraba ahí. Se le dijo someramente de lo que se trataba nuestra llamada ante lo que rompió a llorar diciendo que en efecto su padre había muerto ahogado dieciocho años antes.

Unos días después nos reunimos con ella para meditar y enviarle luz a su padre. Nos informó que desde su muerte ella no dejaba de pensar en él, llamándolo todo el tiempo y torturándose con el pensamiento de lo que debió sufrir en su muerte y de no saber dónde se encontraba. Su asombro fue grande al saber que la habían llamado "La Cabrita", apodo afectuoso que venía de sus hijos y no de su padre. Esto la convenció de la veracidad de la experiencia así como del hecho de que su padre había estado cerca de ella todo el tiempo. La liberación que se obtuvo fue para ambos, ya que Julio se elevó finalmente al plano que le correspondía y Elena se quedó con la tranquilidad de saber que él había al fin, encontrado la felicidad.

A partir de estos ejemplos se puede comprender cómo en ocasiones, al llorarlos en demasía, podemos retener a nuestros seres queridos en ese limbo que no es ni aquí ni allá. Esto los inquieta impidiéndoles elevarse adonde deberían ir.

Parece muy fácil convencer a estas almas errabundas de que se despeguen de sus intereses terrenales, y habrá quien se pregunte porqué entonces es tan difícil convencer a los semejantes con los que tenemos comunicación directa; esto se debe al hecho de que al estar sin la densidad del cuerpo físico las verdades espirituales se ven con más claridad. Por otro lado, parece ser que al llegar a la luz se aclara el entendimiento de tal manera que se ve todo con una objetividad pasmosa.

CAPÍTULO II
EL DESPRENDIMIENTO

Cuando hemos realizado la tarea que hemos venido a hacer en la Tierra,
se nos permite abandonar nuestro cuerpo, que aprisiona nuestra alma
al igual que el capullo de seda encierra a la futura mariposa.
Llegado el momento, podemos marcharnos y vernos libres del dolor,
de los temores y preocupaciones; libres como una bellísima mariposa,
y regresamos a nuestro hogar, a Dios.
Elizabeth Kubler Ross

En el proceso de la muerte hay varias fases. Después del desprendimiento de los dos cuerpos perecederos, el individuo se encuentra en el mismo estado de consciencia y evolución del que se encontraba al morir. Se lleva consigo sus deseos y creencias, sus intereses y prejuicios, sus ideas equivocadas y dogmas religiosos. No obtiene de inmediato la sabiduría del más allá por el hecho de encontrarse en ese mundo; será necesario de todo un período de adaptación a su nuevo estado.

Generalmente se necesita un cierto tiempo para que se realice el desprendimiento total del ser que acaba de morir, el cual tiende en un principio a seguir cerca del cuerpo que ha dejado. La mayoría de las civilizaciones hablan de tres días para que el cuerpo espiritual se separe completamente del cuerpo físico. Los tibetanos esperan un lapso de tiempo antes de cremarlo, en razón de este proceso. Sin embargo, no todos los desprendimientos se hacen de igual manera, algunos requieren de menos tiempo pero otros pueden tardar más, según las circunstancias de la muerte o el grado de evolución del individuo.

Hay muchos casos en que los seres se despegan rápidamente de su cuerpo físico y del mundo material, experimentando la dicha inefable del encuentro inmediato con la luz; pero hay otros en que se quedan fuertemente apegados a su cuerpo físico y a toda su vida material a la que se aferran, quedándose de esta manera estancados en ese limbo, denominado el Bajo Astral, que no es ni el mundo material ni el espiritual. Algunos ni siquiera se han percatado de que se han muerto y se desesperan porque nadie los ve ni los oye; otros, dándose cuenta de que han fallecido, se niegan a moverse de donde están por diversas razones; estas pueden ir desde la negación total de su propia luz, que es lo que se entiende por el infierno hasta solamente el sentido de culpa y el miedo al castigo o la rebeldía a lo que está sucediendo, lo que correspondería al purgatorio. Las almas que se encuentran ahí se niegan a seguir la luz cada una por diferentes razones, pero todas en el fondo por soberbia en sus diversas modalidades. En la muerte como en la vida somos el arquitecto de nuestro destino.

A todos estos seres se les puede ayudar más fácilmente elevando oraciones que los ayuden a desapegarse de la baja vibración del plano terrestre. Es posible ayudarlos también hablándoles a través de un médium para convencerlos de que ya no les corresponde estar en este plano y que deben ir hacia la luz.

En algunos casos el apego desordenado a lo que dejaron en la tierra, ya sea bienes materiales, poder o afectos les impide elevarse hacia las esferas superiores.

Sobre el desprendimiento de los famosos y poderosos los maestros nos informan de lo que sigue:

El poder y la fama es uno de los más grandes obstáculos para elevarse, pues creen los que lo han vivido y cuando están en el pináculo de su hegemonía que lo han perdido todo, desesperándose ante su impotencia de seguir ordenando y manipulando.

Cuando esos individuos llegan aquí no escuchan a nadie y se envuelven en su desesperación de haber perdido el poder. Se necesita de mucho tiempo en el que se les va paulatinamente olvidando en la Tierra cuando son necesariamente suplantados por otra persona, para que se decidan a moverse de su escondrijo en el que sólo ven lo que sucede en el lugar que dejaron al morir. El gran problema que se presenta en esos casos es que generalmente estos seres no creen en la existencia de una vida posterior a la muerte y aunque constatan que siguen viviendo, el encontrarse en la oscuridad les confirma que la muerte es eso, algo parecido a la nada.

¿Cuantos hay en esas condiciones? Muchísimos y se necesita de oraciones de los que todavía se encuentran en la Tierra para que esa energía los empuje fuera de la atracción de la vibración terrestre.

Aun después de liberarse del Bajo Astral y llegar al plano espiritual, los recuerdos de gloria pueden seguir ejerciendo influencia sobre el alma.

Volver a vivir en el mundo físico después de haber tenido fama no es fácil pues se necesita experimentar el ser don nadie. Se necesita mucho valor que no se obtiene rápidamente, sobre todo cuando la vibración de admiración de la humanidad sigue alimentando al desencarnado. Como ejemplo, en el caso de un famoso músico si su música se sigue tocando, el público vibra con ella y venera al compositor por su genio; esa veneración llega a este plano y alimenta el ego del desencarnado que, aunque se encuentre en el mundo espiritual y haya comprendido muchas cosas, siente todavía el deseo del éxito. Es un sentimiento fuerte que es difícil de quitar.

Sin embargo, su deseo de avanzar se presenta también y muchas veces es más fuerte que el deseo de gloria humana.

Así, decide regresar a la Tierra para tener una experiencia que le enseñe la humildad. Necesita el alma regresar en condiciones sumamente precarias, ya sea tonto o con una situación de pocos recursos económicos donde no pueda sobresalir en ningún aspecto. Esto sucede cuando el llamado del Ser Supremo es más fuerte que sus recuerdos de éxito.

Ciertas personas que viven controlando a quienes los rodean, sufren mucho después de la muerte al verse imposibilitadas de seguir teniendo dominio sobre ellos. El problema de muchos hombres poderosos es que continúan tratando de ejercer su poder desde el astral lo cual les impide elevarse.

No puedo irme dejándolo aquí

La voz que nos llama es la de un joven nervioso y reticente. No le es fácil explicar su problema, evade las preguntas, se defiende; sin embargo, sentimos su depresión y vamos a verlo. Nos sorprende un dueño tan joven para esa mansión señorial, los muebles europeos de época impecablemente conservados, la cantidad de antigüedades, la riqueza en cuadros y objetos de plata. Es la herencia de mi tío, nos explica. También, después de largas pausas, nos dice que siente su presencia continuamente en la casa, que desde su muerte hace ya varios años no logra liberarse de fuertes depresiones, primero por su ausencia y después por no lograr llevar una vida pacífica. Comprendemos a través de su relato entrecortado que la relación entre ellos fue una de gran posesividad y autoritarismo de parte del hombre tantos años mayor.

-Yo no sé si la presencia que está aquí se trata de tu tío dijo Carmen puede tratarse de otra entidad y no me gusta empezar una comunicación con el otro plano con ideas preconcebidas. Vamos a meditar pidiendo protección y con la intención de ayudar a quien se encuentra aquí.

Estando en esto empezamos a recibir lo siguiente:

Bendito sea Dios que me permite expresarme al fin. Soy yo, Francisco, que desde hace mucho deseo comunicarme con mi adorado Rolando y no lo he logrado. Quiero decirte que he estado junto a ti para dirigirte en el escabroso mundo físico. Desde que te dejé no logro ver nada más que esta casa y a tu amadísima persona. Sólo sé que deseo estar junto a ti pero no me escuchas y eso me desespera.

Le contestamos que ya no debía estar en ese lugar, sino que ahora le correspondía una vida maravillosa en otro plano.

No puedo irme dejándolo aquí, no sabe cómo manejarse en la jungla de la humanidad. Es un ser demasiado sensible y delicado para abandonarlo. No me pidan que lo deje, me duele enormemente.

-A él le corresponde ahora vivir separado de ti. Tiene que aprender a luchar solo para fortalecerse. Por el contrario, tú tienes que continuar tu evolución buscando la luz de Dios que siempre está ahí para el que la desee. Dios es amor y misericordia infinitos y sólo espera que regreses a Él, que desees salir de ese lugar y ver la luz y ésta se hará.

-*No sé quién eres, pero me dices cosas muy bellas. Es cierto que siempre creí en Dios pero no como enseñaron. Me decían que había un infierno para los pecadores y un purgatorio antes de llegar al Cielo. No es cierto, aquí nada más hay frío y oscuridad y lo único que alcanzo a ver es al que dejé y que amo tanto.*

Nos concentramos silenciosamente en mandarle energía amorosa.

-*No sé qué me envían, pero siento calor y bienestar. Si pudiera sentirlos siempre sería maravilloso.*

-Eso y muchísimo más es lo que sentirás. Ahora sólo ves oscuridad porque tus pensamientos te mantienen en ella. Tu deseo de proteger a tu ser querido es lo que te ata y te impide ver la luz.

-La estoy pidiendo desde el fondo de mi corazón y ya vislumbro un rayo de luz que siento cómo un consuelo en este calabozo frío y húmedo. Es cada vez más luminoso pero ¿y Rolando? ¿Lo voy a dejar?

Le pedimos a Rolando que mentalmente le insistiera en que siguiera la luz donde encontraría la paz y la felicidad, a lo que Francisco finalmente contestó:

-Sí, mi chiquito, si tú me lo dices así será, me voy hacia esa luz que no puedo describir. Me envuelve, siento una dicha inenarrable, ¿cómo pude estar tanto tiempo sin verla? Ahora comprendo cuál es el infierno y lo que llaman purgatorio. Es nuestra ceguera de ver únicamente nuestro capricho. Me doy cuenta de que sólo quise que se hiciera siempre mi voluntad, y se la impuse a quien me rodeaba. Me diste mucho amor y satisfacciones y yo fui cruel y egoísta contigo. Mi amor fue posesivo y dictatorial. Perdóname. Creo que esa luz ilumina de verdad. Empiezo a ver las cosas muy claras, de una claridad impresionante. Me voy hacia esa luz que me atrae irremisiblemente y sé que desde allá podré ayudarte mejor.

NO SE CONSOLABA CON HABER PERDIDO EL PODER Y EL CONTROL

En una ocasión en que nos encontrábamos trabajando se nos presentó un alma que había pasado por un problema similar de poder y control. He aquí lo que nos dijo.

-Sufrí mucho después de mi muerte al encontrarme de pronto en un lugar oscuro y frío ya que mi deseo era seguir controlando y gozando de todo lo que se me dio en vida. Es cierto que en los últimos días de mi vida en la Tierra era tal

mi sufrimiento físico que desee la muerte, pero cuando dejé todo lo que amaba, me sentí desesperado.

-El dolor de mi mujer, que vivía únicamente para mí, me ató durante mucho tiempo, ya que no lograba consolarme de haber perdido el control y el poder que tenía sobre los que me rodeaban.

-No sé cuánto tiempo terrestre duró ese infierno pero el verdadero camino lo perdí por soberbia y deseo de poder y control. Me provocó mucho dolor ver todos los disgustos que hubo por mi herencia y me prometí que no volvería a caer en la ambición de poseer. Fue una gran enseñanza de desapego. Ahora necesitaré una vida de privaciones para aprender el desapego y la humildad.

-No tengo todavía la fuerza para decidirme a tomar una vida así, pero sé que eso vendrá en su momento. Sólo les puedo decir que ahora que ya trascendí todas esas etapas del apego al poder y al control soy feliz y que no quiero que me vuelva a suceder.

NECESITO EL PERDÓN DE MI HIJA PARA PODER DESCANSAR

Hay casos en los que la culpa retiene a las almas en el Bajo Astral. En el siguiente caso esta alma sufría por los remordimientos de haber sido impositivo con su familia causándoles infelicidad. Muchos años llevaba en ese infierno de culpabilidad. Se acercó a Carmen y le pidió que le dijera a su hija lo mucho que sentía haber sido así, que le solicitaba su perdón para poder descansar.

Después de hablar con ella, recibimos este mensaje:

Me diste el mejor regalo que me pudiste dar al provocar el perdón de mi hija. Se expresó muy bien de mí porque ella es así, nunca echará tierra sobre su familia, pero en el fondo sufrió de mi imposición, como mi dulce esposa también. No sé cuánto tiempo terrestre llevo aquí con los remordimientos que salieron de la revisión de mi vida. Para mí no había más ley que mi voluntad. Es cierto que fui amoroso con mi familia pero siempre bajo mis términos y nunca me ocupé de lo que ellos podían querer o pensar. Creo entender que dices que todos cometemos errores, que a eso hemos venido a la vida física, a experimentar la oscuridad para entender la luz. Ya estoy listo para irme a esa luz de la que me hablaste. Voy a solicitar verla para irme de aquí.

En realidad del otro lado del velo no existe el tiempo sólo la intensidad del pensamiento. Cuanto más se esté obsesionado con un pensamiento de culpa, venganza, apego, odio, más se quedará el alma en ello hasta que se vaya disolviendo poco a poco su obsesión.

LA CULPA NO ES MÁS QUE ORGULLO

En efecto, la culpa es la no aceptación de nuestra imperfección. Una cosa es tomar consciencia de nuestros errores y aceptarlos, lo que nos sirve como una enseñanza para no repetirlos, y otra muy distinta es instalarse en la culpa por la soberbia de no aceptar que todavía no somos perfectos. La necesidad de ser perdonados obedece al deseo de ser aceptados por quien dañamos y es también orgullo.

Este caso es el de un alma que se dio cuenta de eso:

Ya te había hablado una vez y me hiciste el favor de pasar el recado a mis hijos, que no lo creyeron. Ahora eso ya no importa, pues de entonces a acá he comprendido muchas cosas, que el desear el perdón de quien sufrió de nuestros errores no es más que orgullo, ya que no soportamos no haber sido perfectos y que no nos vean así. Con humillarnos al pedir perdón deseamos la aceptación de quien ofendimos. Ya lo entendí y la culpa ya no me persigue sino el remordimiento de haber actuado de forma superficial y egoísta.

Después de haberse liberado de la culpa, se le ayudó a alcanzar la luz.

Algunos individuos debido a sus rígidas creencias religiosas no se abren a nuevos conceptos por miedo a romper con lo establecido. Con respecto a esto, nos dicen nuestros guías:

Cada quien es responsable de su adelanto espiritual y nadie puede hacer nada por otro si él no lo desea. Hay mucho miedo de enfrentarse a sí mismos y de tomar la responsabilidad de los propios actos. Esto es lo que hace que los hombres se escuden detrás de creencias establecidas y dirigidas por otros en lugar de pensar por sí mismos y lanzarse a la búsqueda de la luz y la verdad, solos, sin instituciones que los respalden.

Pero actualmente ya la consciencia humana tiene que salir del estado infantil en el que se ha mantenido hasta ahora. Se desarrolla la consciencia en la búsqueda personal de la luz, siendo así una consciencia adulta que decide y actúa por sí misma, ya no basada en dogmas y reglas establecidos por otros seres humanos que pretenden tener el monopolio de la revelación divina.

La revelación divina no es otra cosa que el acceso a la propia luz y en la medida en la que nos abramos a ella, la sabiduría divina, que está en nuestra esencia, se hará patente. Esta es el patrimonio de cualquier ser humano y no únicamente de unos cuantos. Si nos conformamos con las ideas que se nos han dado sin cuestionarlas ni tratar de ir al fondo de ellas no podremos crecer en nuestra apertura de consciencia, seguiremos en un estado infantil e inmaduro, siempre aceptando sin cuestionar lo que se nos ha dado como verdad absoluta.

En el fanatismo de obligar a los demás a creer y pensar como nosotros lo entendemos no hay más que ego controlador y manipulador. El fanatismo es pues una mezcla de miedo de enfrentarse a uno mismo y de tomar la responsabilidad de los propios actos y a la vez deseo de control y manipulación hacia los demás. Es también miedo de adoptar nuevos patrones de conducta y de pensamiento. Los que se fanatizan por una idea o una religión son los que no tienen valor de cambiar.

Cuando se deja el cuerpo mortal y se llega al mundo espiritual ya no hay lugar para fanatismo. Ahí se ven los propios actos con una claridad objetiva que no da la posibilidad de auto-justificarse. No existe ya el argumento de que lo que se hizo fue siguiendo tal o cual regla o dogma, sólo el propio juicio de lo que se hizo con amor o en su contra. Ahí nos encontramos solos, sin escudos religiosos o pretextos de haber creído actuar correctamente porque eso es lo que se me había enseñado, aunque ello haya estado desprovisto de amor.

Cuando nos encontramos en el salón del juicio de la vida que acabamos de vivir, son los remordimientos de nuestros actos erróneos y omisiones los que nos atormentan más cruelmente, pero de esos remordimientos es de los que se aprende más, ya que quedan grabados en nuestro cuerpo causal y nos servirán para no volver a repetir esos patrones en las futuras experiencias.

Mucho dolor causa el hecho de haber tenido oportunidades de abrirse a conocimientos profundos y haberse quedado al margen por miedo o por facilidad de seguir enmarcado en lo convencional y no haber tenido el valor de ahondar más en enseñanzas de profunda espiritualidad. Son estos seres los tibios que eligen quedarse en la superficie sin avanzar.

Pero en todas las actitudes equivocadas se presenta como alternativa al dolor de la culpabilidad la misericordia y el amor divino que no juzga, no castiga, sólo comprende y esa Luz que es amor, es paz, es belleza, es armonía y nos envuelve en cuanto lo comprendemos y vamos hacia ella. Nuestro Creador siempre está ahí, dispuesto a darnos el amor del que nos hemos vaciado con nuestro egocentrismo, lo único que necesitamos es desearlo y pedirlo.

"No me siento capaz de enfrentarme al juicio"

Este es el caso de un sacerdote que, temeroso ante la idea del juicio y agobiado por la culpa, no acertaba a ir a la luz. Durante uno de nuestros círculos de oración se hizo presente.

-Me encuentro muy desorientado, no sé si merezco un castigo en el que no creía o si debo abrirme a lo que no me atreví en vida.

Lo alentamos a buscar la luz en la que encontraría la paz y la misericordia divinas.

-Me dicen que me abra a la luz pero en ella debe estar el juicio al que temo por haberme salido de las normas a las que me comprometí al tomar el sacerdocio. Me atreví a ser un rebelde y prediqué en contra de los dogmas y de los dictados de las autoridades eclesiásticas, sin verdaderas bases, sólo por mi soberbia de buscar aceptación de los cristianos que no estaban conformes con las enseñanzas tradicionales de la Iglesia. No me atreví a dejar a un lado mi condición de sacerdote y buscar con entrega y sinceridad otros conceptos más convincentes; por temor me quedé en la frontera, fui uno de esos tibios que vomita el Espíritu Santo. Aquí me ofrecen ayuda pero no me atrevo a aceptarla, no sé si se trata de una trampa que me llevará al infierno.

-Lo que te hace pensar así son tus ideas equivocadas sobre el cielo y el infierno. Sólo existe el amor de Dios, el purgatorio y el infierno son estados mentales voluntarios. Al tiempo que decíamos esto nos concentrábamos en enviarle luz rosada que es la energía de amor que ayuda a elevarse y a ver las cosas más claras.

-Percibo el amor que ustedes me envían pero no me siento capaz de enfrentarme al juicio. Estoy aterrado ante la idea de que se me reclame por todo lo malo que he hecho.

Dios no castiga, su amor y misericordia son infinitos. Busca la luz, ahí está, en ella están la paz

UNA PUERTA HACIA LA LUZ

y la felicidad que te esperan en tu nueva vida. El castigo no existe, es la culpa la que no te deja verla.

-Entonces, ¿dónde están la bondad y la maldad, si Dios perdona de todas maneras?

-El mal no tiene existencia real le explicamos Si entendemos que Dios es todo y que es el bien absoluto, no puede existir una fuerza que se le oponga. Así como la luz es per se, la sombra no es más que la ausencia de aquella, carece de existencia en sí misma. Lo que se entiende por el mal es la actuación equivocada del ser humano provocada por su ignorancia y falta de consciencia. El Creador no castiga, le da al hombre las oportunidades y las condiciones necesarias para que entienda por sí mismo el camino a seguir.

-¿Por qué se me dieron como erróneos todos esos conceptos que dicen ustedes? No es posible que se siga instruyendo a la gente en errores capaces de provocar este sufrimiento.

Continuamos rezando y enviándole luz, tratando de convencerlo.

-Creo que empiezo a entender, pero es necesario que digan a los que todavía no mueren que este pasaje es difícil si se tiene culpa y miedo al castigo.

Después escuchamos:-*Ya voy hacia la luz, siento un gran bienestar y no veo ningún juicio, sólo percibo amor, amor, amor. Cómo pude estar tan ciego, cómo no tuve el valor de ir más allá en mis inquietudes... Pero el Altísimo es bondad infinita, es amor y creo que me perdonará mis debilidades... me dan amor y confianza... adiós y gracias por su ayuda.*

La culpabilidad es el resultado de nuestro deseo de ser perfectos y de no aceptar que nos equivocamos. Si tomáramos consciencia de que nuestros errores nacen de nuestra inconsciencia, la culpabilidad no existiría, sólo la humildad de aceptar nuestra parte obscura, nuestra sombra, comprendiendo que ésta se iluminará en cuanto se abra nuestra consciencia.

Un bello mensaje recibido de nuestros maestros dice así:

-No es conveniente ser muy exigente con nosotros mismos; aún en nosotros tenemos que practicar la tolerancia. Nuevamente llegamos al concepto de equilibrio: no quiere esto decir que tenemos que amar y consentir nuestras fallas pero tampoco odiarlas. Es decir, necesitamos concienciarnos de ellas y comprender que son el resultado de nuestra falta de consciencia, de nuestro egocentrismo y al verlas frente a frente poco a poco van perdiendo fuerza. Si las odiamos las alimentamos. ¿Por qué?

Simplemente porque el odio y el rechazo son energías negativas que se mezclan con las fallas que odiamos, dándoles fuerza y alimentándolas con esa negatividad. Por el contrario, si tenemos tolerancia hacia ellos, aceptando que todavía no somos perfectos, la humildad genera fuerza positiva que ayuda a eliminar el defecto. Por esta razón la meditación es un arma poderosa para el desarrollo espiritual; en ella se ven los defectos sin juicios negativos, lo que elimina su virulencia.

Ahora bien, nuestro deseo de perfección es innato, ya que significa el deseo de regresar a nuestra verdadera esencia que es perfecta. Al regresar a Dios volvemos a nuestro origen después de haber experimentado múltiples vivencias con las cuales damos gloria al Creador. Si actuamos negativamente es porque en el circuito de nuestra experiencia creativa perdemos la ruta pero siempre se vuelve a encontrar.

Creía haber comprado la salvación

Hay quienes envueltos en su soberbia no aceptan que lo que encuentran no corresponda a sus expectativas y se estacionan en un estado de rebeldía del que a veces, es difícil moverlos. Se dan casos de individuos que creyéndose espiritualmente muy adelantados se desesperan al encontrar que no se les recibe con honores por toda la corte celestial. A estos es difícil, en ocasiones, ayudarlos pues no quieren escuchar nada que no pertenezca a sus creencias.

Pedro era un hombre muy atado a sus conceptos religiosos pero en realidad su vida estuvo envuelta en soberbia y egoísmo. Nuestros guías pidieron al grupo que se le ayudara porque se encontraba en un estado de rebeldía y desesperación al no encontrar lo que esperaba. Nos informaron que habían tratado de ayudarlo sin ningún éxito; su escepticismo se debía a que creía saberlo todo y aquello que no era como él lo pensaba simplemente no era. Creía haber comprado la salvación por los donativos que había hecho a la Iglesia, pero su problema no eran sus conceptos religiosos, ya que cuando no hay soberbia, éstos se pueden cambiar fácilmente. Desgraciadamente su orgullo no lo dejaba aceptar que había estado equivocado, que la salvación no se compra con dinero sino con amor.

Nos concentramos en enviarle luz y amor tratando de convencerlo de que saliera de su encierro voluntario. Le explicamos que el castigo no existe, que el infierno y el purgatorio sólo son estados mentales, a lo cual nos respondió:

No he visto el infierno porque no me toca ir ahí, pero sé que existe y no sería justo un Dios que no castiga. Mi encierro aquí en mi casa se debe a que se necesita tiempo para procesar mi caso. Yo siempre cumplí con los preceptos de la Iglesia y ayudé con dinero a que se difundiera su doctrina. Si hice algunos pecados me confesé de ellos y eso basta para obtener el perdón. Ahora me encuentro en espera de que venga mi ángel a buscarme y me lleve delante de Dios.

Tratamos de convencerlo de que el único camino a Dios es el amor y la humildad de aceptar las cosas como se nos presentan, pero todo ello sin éxito alguno. Mientras tanto nuestros guías nos instaban a seguir enviándole luz pues esto le ayudaría a convencerlo del error de creer que no necesitaba amar sino solamente seguir al pie de la letra los preceptos de la Iglesia, no necesariamente de comportamiento sino de formalismo. Su soberbia no lo dejaba aceptar nada que no creyera con anterioridad.

Durante varios días continuamos orando, enviándole energía amorosa, orando e insistiendo en que debía ir a la luz. Finalmente un día empezó a tener más claridad.

Me llega una ola de calor que ustedes llaman amor. No entiendo nada, ya que todo lo que yo creía no es así. Dicen que es soberbia no aceptar lo que estoy viviendo, pero ¿Cómo es la humildad de la que hablan? Si supiera que lo que dicen es verdad me iría, pero he tenido mucho tiempo para reflexionar y me he dado cuenta de todo el mal que hice, de cómo mi vida estuvo manejada por el rencor y la envidia y de cómo destruí cuanto a mi paso se presentó. Eso me apesadumbra terriblemente y no creo merecerme ninguna gloria. Estaba cegado por el orgullo de creer que las cosas debían de ser como a mí me acomodaban, pero ahora me doy cuenta de que no es así y tengo miedo, sí miedo del castigo que merezco.

El castigo no existe, le contestamos, Dios es amor y por lo tanto no castiga sino que espera con infinita paciencia a que nos demos cuenta de cual es el verdadero y único camino. El verdadero trabajo de humildad consiste en saber que no hay nadie superior a nadie, que somos todos diferentes manifestaciones de una misma esencia y que cada uno tiene una función y un papel diferente en el plan infinitamente sabio del Creador. Si se entiende esto profundamente no hay ya lugar al deseo de sobresalir ni de controlar a los demás. Así mismo, se es humilde cuando se es consciente de que todo lo que nos acontece es con un fin determinado de aprendizaje. Por lo que la aceptación total de nuestras circunstancias nos llevan a la perfecta humildad.

Es cierto que lo que estoy pasando es un infierno y que debe existir misericordia para las almas que sufren. Voy a escuchar las voces que oigo que tratan de ayudarme.

Su desprendimiento fue muy bello cuando al fin vio la luz y se dejó llevar por esos maravillosos seres que se le presentaron.

DIÁLOGO CON UN DEMONIO

Otros no quieren creer en un poder superior a su ser y entonces rechazan su propia luz al negar la existencia de la Fuente de Vida de donde proceden; estos seres son muy desdichados pues no encuentran consuelo y su desasosiego no tiene límites. Como dijimos anteriormente, en el Bajo Astral hay varios planos y el nivel donde moran estos seres es lo que se considera como el Infierno, en el que reinan la angustia y las tinieblas. Ángeles y guías provenientes de altas esferas van a esos penosos planos para ayudarlos a encontrar la luz que por soberbia rechazan. Siempre hay posibilidad de salir de esos estados que son voluntarios cada vez que el Creador atrae a su seno a todas sus criaturas sin excepción. Aún San Pedro en una de sus epístolas nos habla de que Cristo después de muerto "fue también a predicar a los espíritus encarcelados que una vez fueron rebeldes" *(San Pedro, 1ª epístola, Capítulo 3, versículos 19-20).* Si no hubiese salvación para ellos no tendría caso el predicarles.

Un día recibimos un llamado angustioso; la pareja que nos busca está desesperada. Ella es amiga nuestra y nos cuenta su historia. Son una familia unida, con un hijo adolescente; después de mucho buscar encontraron la casa perfecta: moderna, acogedora, con un pequeño jardín que la llena de sol. Se instalaron ilusionados, pero la alegría no duró mucho. Daniel, su hijo, un muchacho antes entusiasta, se vuelve nervioso y malhumorado. Sus largos silencios se interrumpen con explosiones de una violencia inexplicable que poco a poco invade la relación de la pareja. La armonía familiar que había sido su mayor satisfacción se esfuma para dar paso a un ambiente de inquietud. En un momento de angustia, Daniel confiesa que se siente perseguido, hay alguien, una presencia que se pega a su cuerpo. Puede percibir una respiración jadeante junto a su cara mientras escribe. Una noche aparece aterrado en la habitación de sus padres; un ser informe, una especie de cadáver en estado de descomposición apareció junto a él. Los padres lo tranquilizan, es una pesadilla, estás nervioso, pero el muchacho insiste: lo vi parado junto a mi cama. La situación se deteriora por momentos; se ven sombras, suceden percances molestos que los sobresaltan y no los dejan vivir en paz. Cualquier pretexto tonto provoca conflictos serios. El trabajo del marido, siempre exitoso, ahora se ahoga en dificultades.

Accedemos a ayudarlos y vamos a verlos. Desde la entrada nos damos cuenta de la verdad de lo que dicen. El ambiente es opresivo, todo nos indica de la presencia de una entidad desencarnada. Llevamos a cabo los ritos habituales para ayudar a las almas que se encuentran en la oscuridad y a continuación recibimos este mensaje:

-Yo me iré cuando a mí se me pegue la gana y no cuando ustedes quieran hijas de puta.

La forma agresiva y soez de hablar nos da la pauta de la clase de personaje que mora ahí. Le preguntamos la razón de su permanencia en el lugar.

-Llegué aquí siguiendo a un amigo del primer dueño de esta casa; un depravado, como ustedes lo llamarían. Me dediqué a influenciarlo lo más que pude. Ahora me propongo

descarriar al joven de esta familia. He estado aquí con muchas generaciones, desde que perdí mi cuerpo y me sentí desesperado por no poderme manifestar en el mundo. En mi rincón me divierto con crear la mayor desarmonía que puedo en lo encarnados.

-¿Qué logras con estar en un lugar que ya no te corresponde? -le decimos- Como ves ya no puedes manifestarte en este plano; te espera una vida mucho más interesante y agradable que esta si sólo deseas ir hacia la luz.

-Esas son patrañas, tal cosa no existe. Son ustedes muy ingenuas en creer lo que la religión cuenta, lo único que existe es lo que ven y lo que veo. No hay ninguna luz ni ninguna otra vida más que la que perdí, o la que ahora tengo.

-La luz existe para quien desea verla. Vamos a hacer una prueba: pide la luz y veremos qué pasa-lo alentamos.

-Esas son idioteces, no voy a pedir ninguna luz porque no creo en ella, eso va en contra de mis principios. Estoy decidido a seguir aquí.

-Pierdes tu tiempo y la oportunidad de una vida maravillosa, aquella que Dios tiene preparada para los que la desean. Lo único que tienes que hacer es seguir la luz que es amor, paz, felicidad, en lugar de seguir aferrado a lo que ya no es para ti.

-Ja, ja, me hablas de Dios, nuevamente te digo que eres estúpida, Dios no existe, para mí no hay más Dios que yo.

Desgraciadamente no logramos convencerlo; se quedó envuelto en la oscuridad creada por él mismo al negar la luz de Dios y la suya propia. Sentimos no haber podido ayudar a la familia; les aconsejamos no caer en el juego perverso de este ser, y, ya conscientes de la realidad, ignorarlo y seguir con su vida. Este tipo de seres es lo que se entiende por un demonio en el infierno de su creación. Sin embargo esta situación no puede ser eterna; la atracción de quien nos creó es tan poderosa que algún día este ser olvidará su soberbia y se encaminará, como todos, hacia su destino final, la fuente de luz donde se originó. Si Dios es absoluto, no puede haber nada que no esté en Él y todo lo que surge de su esencia regresará tarde o temprano a ella.

Los seres como el de este ejemplo buscan manifestarse en el plano físico por haber permanecido muy apegados a él; al no poder hacerlo, se dedican a molestar a los encarnados induciéndolos a efectuar acciones inarmónicas. También, en ocasiones, logran poseer a algún ser humano obsesionándolo y llevándolo incluso hasta el suicidio o la demencia. Muchos casos de locura provienen de estas posesiones aunque los psiquiatras generalmente no lo reconocen.

Un caso de posesión

Las posesiones demoníacas existen. Se trata de los seres que están apegados al plano terrestre y que al no poderse manifestar con un cuerpo tratan de invadir el de un encarnado obsesionándolo, adueñándose de su voluntad y absorbiendo su luz.

Como es natural, son almas con muy poca evolución espiritual, es decir, lo que se entiende por seres malvados, los llamados demonios. Como hemos visto, estos seres viven en la oscuridad y se alimentan de la luz de los que persiguen, sobre todo de los que tienen algún tipo de mediumnidad o sensibilidad psíquica porque es con éstos con quien pueden entrar en contacto.

En una ocasión tuve la oportunidad de presenciar una de estas posesiones, en el momento preciso en el que hubiera podido ser yo una de sus víctimas. Cuando se me despertó la sensibilidad psíquica en forma de escritura intuitiva, al empezar a comunicarme con los otros planos, entré en contacto con estos seres; dado que se encuentran vibrando en la baja frecuencia del plano terrenal es muy fácil la comunicación con ellos. De ahí que cuando se juega con la guija se logren estos contactos con relativa facilidad, sólo se necesita que alguno de los participantes tenga un poco desarrollada su facultad psíquica para que el enlace se realice.

Por aquellos días me veía atormentada por esos seres demoníacos que me trataban de obsesionar, torturándome de mil maneras. El método que usan es elevar el ego de la persona con múltiples halagos, decirle que tiene una gran misión, que le ayudarán a obtener lo que desea o que a través de ellos obtendrá la sabiduría, en fin, mil cosas destinadas a elevar su importancia personal. Al mismo tiempo intentan apoderarse de su voluntad dándole órdenes continuamente y una vez que la tienen a su merced, la dejan caer desde lo alto con burlas y humillaciones. Fue para mí lo que entendí por mi iniciación.

Estando en una reunión se comentó que una pobre mujer se encontraba desde hacía tiempo enferma, pues decía que oía voces que todo el día le daban órdenes y que la estaban volviendo loca. Dijeron que ya le habían hecho un examen psiquiátrico pero que aparentemente no se trataba de ninguna forma de locura. Cuando escuché esto me di cuenta de que probablemente le estaba sucediendo lo mismo que acababa yo de pasar por lo que le pedí a una amiga suya que me llevara a verla.

Cuando llegamos, Verónica deambulaba por su casa como un fantasma envuelta en una vieja bata. Al verme tuvo un sobresalto en el que creí notar desagrado, pues como más tarde supe, sus voces le habían dicho que no me recibiera. En efecto, yo había forzado esa visita a pesar de que ella se había negado a vernos con algún pretexto.

Empecé preguntándole qué le decían las voces. Ante su silencio le enumeré todo lo que me imaginaba que debían proponerle, a lo que ella asentía temerosa. Sobrecogida por un terrible nerviosismo, se veía como que de vez en cuando parecía escuchar a alguien.

-Verónica, ¿te están hablando?-le pregunté

-Sí, Carmen, me dicen que te vayas-profirió llena de miedo

-Les dices que los que se van a ir son ellos. Dales la orden de que te dejen tranquila. Exprésales tu decisión de no escucharlos más.

Le traté de explicar lo que le estaba ocurriendo, que se trataba de entidades negativas de las que tenía que liberarse. Al haber pasado yo por lo mismo sabía hasta cierto punto cómo había que proceder para deshacerse de ellas. El primer paso era no dejarse dominar por esos seres, tratando de no escucharlos, pero si aun así aquello continuaba, la única manera de alejarlos era con la oración. Al elevar la vibración por medio de la plegaria, se escapa a su radio de acción.

Me escuchaba con atención pero siempre inquieta. Le coloqué una cruz que traía conmigo y comencé a recitar salmos y oraciones. En un momento dado no pudo ya dominar su desasosiego y arrancándose la cruz nos ordenó que la dejáramos en paz.

Días después comenté con mi maestra de meditación lo ocurrido y decidimos ir juntas a ver a Verónica para auxiliarla en su problema. Mi maestra me había ayudado a alejar las entidades que me atormentaban y desde luego tenía más conocimiento que yo sobre estos temas.

Cuando llegamos a verla y desde el momento en que nos abrió la puerta un horrible gruñido salió de sus entrañas sin que la dejase ni un sólo momento durante todo el tiempo de nuestra visita. Le volvimos a explicar cuál era su situación, le dijimos que ella podía liberarse de sus verdugos con la firme voluntad de alejarlos y sirviéndose de la plegaria. Procedimos a rociar agua bendita y a rezar en voz alta. Los gruñidos se hacían cada vez más intensos y la pobre mujer, nerviosa e intranquila, entraba y salía continuamente de la habitación, hasta que desesperada exclamó:

-Carmen, por favor váyanse, ya me cansé

Así lo comprendimos, pues aquellos horribles rugidos que salían del fondo de su ser sin que pudiese controlarlos, la habían agotado.

Durante varios días rezamos por ella enviándole luz; supimos después que aparentemente se había liberado de las voces. Desgraciadamente esos seres le habían absorbido toda su energía debilitándola en grado sumo, lo que provocó poco tiempo después, su muerte.

LOS OBSESORES

Los seres con un estado de consciencia más primitivo y que han estado atados a algún tipo de adicción como alcohol, drogas, tabaco, sexo, al morir se dedican a satisfacer estos vicios a través de personas encarnadas igualmente adictas, obsesionándolos e induciéndolos a seguir en sus adicciones. Exponemos a continuación lo que un alma que pasó por esto durante su vida nos dijo:

Durante mi vida en el plano terrestre hubo un ser que me obsesionaba y me inducía a beber y a actuar con una grosería que no me era habitual cuando no estaba bajo su influencia.

Cuando estaba bajo el efecto del alcohol se abría en mi aura una hendidura por la que este ser entraba se apoderaba de mi voluntad. Yo no me daba cuenta en el momento que esto pasaba pero después no comprendía cómo podía haber actuado de esa manera. A través de los años se apoderó cada vez más de mi voluntad, siguiéndome constantemente, obsesionándome con la bebida y el sexo.

Cuando morí lo vi frente a mí riéndose con sorna y vengándose del hecho de no tener ya cuerpo para seguir con sus vicios, que había experimentado a través del mío. Son muchos los que están en esa situación y es difícil convencerlos de seguir a la luz pero como siempre, la oración y el amor es lo único que puede ayudarles.

Cuando estamos bajo la influencia de una adicción fuerte, baja nuestra vibración debilitando nuestro campo energético, lo cual facilita que seres desencarnados de una vibración similar, entren en él apoderándose de nuestra voluntad. Estos seres gozan con la influencia que ejercen sobre los encarnados absorbiéndoles su energía. Existen psíquicos que pueden ayudar a alejar a estos seres, convenciéndolos de ir a la luz siempre y cuando aquellos a quienes molestan estén dispuestos a dejar sus vicios. Si la persona adicta se niega a rehabilitarse seguirá atrayéndolos. Estos seres acarrean mucha negatividad a sus víctimas.

El siguiente caso ejemplifica lo que se acaba de exponer.

Fernando acudió para pedir ayuda a Carmen porque nada funcionaba bien en su vida, ni desde el punto de vista económico ni desde el emocional. Sin dar más explicaciones, la sesión empezó:

-*Me oyes, hija de puta, pues qué bueno. No voy a dejar a este pimpollo porque es mío, me lo hube en un burdel cuando tenía abierta su aura. Con él me divierto porque lo hago ir a burdeles en donde nos divertimos los dos. Tú ni te imaginas lo que es eso, con tu estilo de mojigata.*

-No tiene ningún caso que sigas aquí, en un lugar que ya no te corresponde, cuando te espera una vida mucho más interesante y agradable. Ahora estás en un lugar oscuro y frío en el que no eres feliz, le contestó Carmen.

-Sí es cierto, pero ¿cómo lo sabes? A poco has estado aquí.

-He ayudado a muchos que, como tú están desorientados enviándolos al mundo que les corresponde, a una vida de armonía y felicidad que se encuentra en la Luz. Todo lo que tienes que hacer es solicitar ver la luz y ella se hará.

-Cual mundo que me corresponde si no hay más que este que dejé y al que quisiera volver. Me dices cosas increíbles, cual luz si no hay ninguna.

Después de hablarle y convencerlo de que solicitara ir a la luz dijo:

-Voy a hacer el intento de pedir esa luz de la que me hablas, pero si no es cierto, hija de puta, te mato. Voy a ir a la Luz, quiero ir a la Luz... es cierto, ya se abrió una rendija, se abre más entre más me acerco, es algo que nunca vi, ni sentí, me envuelve, me atrapa y se siente a todo dar ¿de dónde sale? Me pregunto si no viene de eso que se llama Dios, en el cual nunca creí. Ahora sé que existe, todo se aclara en esta luz. Tenías razón, qué pérdida de tiempo el estar atorado en la Tierra cuando este lugar maravilloso existe.

-Gracias por ayudarme a venir aquí, perdón a Fernando por haberlo molestado, pero dile que deje de ir a esos lugares en los que hay multitud de gente como yo y que si se deshizo de mí, puede encontrarse con muchos otros allí. Me voy al cielo, que Dios los bendiga.

Al pedir la luz, como todos los que lo hacen por muy rebeldes que sean, se abrió para él y se desprendió al fin de la vibración tan densa en la que se encontraba, liberando así a Fernando. Esto nos demuestra una vez más que el castigo no existe.

Hay casos de obsesores que siguen a una persona por deudas kármicas que provienen de otra vida. Este es el caso de una niña judía de diez años, de naturaleza dulce y agradable pero que frecuentemente y sin razón alguna, presentaba un comportamiento desagradable y agresivo, lo que le acarreaba la antipatía de los que la rodeaban. Sus padres estaban sumamente preocupados, pues aparentaba en esos momentos, como si algo ajeno a ella la poseyera.

Buscaron ayuda con Carmen, quien se puso en contacto con el ser que la obsesionaba y la incitaba a actuar así.

-Esta niña que ahora se llama Raquel fue mi verdugo y debo vengarme de ella. Ahora quiere ser buena pero no lo creo y sobre todo haré lo posible para que no lo sea y sufra las consecuencias de su maldad.

Se le habló de perdón, a lo que replicó:

-No sé de qué hablas. ¿Cómo puedes hablar de perdón si no sabes lo que me hizo? Fue maldito en grado sumo, se dedicó a darme todos los tormentos que se pueden dar en la vida y después de mi muerte juré vengarme por una eternidad y eso es lo que estoy haciendo. Me dices cosas que me cuesta creer. ¿Y esta chiquilla cómo es que ha cambiado tanto, cómo se hizo de ese nuevo cuerpo cuando ahora es mujer judía y antes era un hombre carcelero nazi? Cuando me encarcelaron y me hicieron perder todo, hasta la dignidad humana, no entendí nada. Morí en esos horribles campos de concentración en la cámara de gas, desnudo, después de sufrir horribles vejaciones. No entiendo cómo ahora me hablas de una vida mejor, de una luz que no veo y de un amor que no existe.

Finalmente se desprendió dejando en paz a Raquel, que pudo cambiar su actitud drásticamente.

La nada

Si alguien cree que no existe nada al morir se encontrará con esa nada, una especie de neblina que lo aísla de todo contacto ya sea con el mundo espiritual o con el físico. Es importante abrirse al concepto de la supervivencia del alma para estar mejor preparado al llegar al astral; así el alma se encontrará menos desorientada. Al mismo tiempo esto nos ayudará a ser más responsables de nuestras acciones durante la vida. Como ejemplo se incluye una frase de un ser que no tenía conciencia de esto.

-He estado envuelto como en una niebla fría y no entiendo qué me pasa. Yo no sabía lo que era la muerte, creía que todo acababa con la desaparición del cuerpo físico. Así pues la temía pero al mismo tiempo no me importaba lo que dejaba atrás puesto que no sabría ya lo que pasaría después de mi muerte.

Fui muy egoísta siempre pensando únicamente en mi satisfacción personal, pero ahora en esta soledad he tenido tiempo de reflexionar y me siento muy apesadumbrado al darme cuenta de cuanto mal hice a mi alrededor. Me habían dicho que había un castigo, no lo veo tampoco, solo esa niebla fría.

Se le ayudó como a tantas otras almas a salir de su atolladero.

Estos planos de infierno y purgatorio no son lugares sino niveles vibratorios producidos por el estado de consciencia y por lo tanto voluntarios. La luz está siempre ahí, de acuerdo a nuestro estado de consciencia la veremos o no. No se nos fuerza a nada, el libre albedrío está siempre presente, por lo tanto, si nuestra mente sigue ocupada exclusivamente en los intereses terrenales no saldremos de nuestra oscuridad.

Durante la vida misma nosotros escogemos vivir en la oscuridad cuando nos empeñamos en que las circunstancias sólo pueden ser de determinada forma y queremos controlar para que así sean o abrirnos a la luz en la medida en que vamos aprendiendo a aceptar la vida como se va presentando. La verdadera humildad es comprender que todo tiene un propósito para nuestro crecimiento espiritual. Así, aprender a morir es aprender a vivir ya que en ambos casos se practica la entrega a la voluntad divina, el desapego a nuestras ideas de lo que debe de ser y la fe en que todo está bien como está.

Los momentos antes de la muerte, el momento de morir y todos los de nuestra vida son oportunidades para soltar el deseo de controlar y descubrir que éste está basado en el miedo y no en el amor. El apego excesivo a ideas, objetos, personas o situaciones tiene su origen en el miedo que se genera al sentirnos separados y solos. Venimos a la vida para entender que no estamos aislados, que somos todos Uno y que nuestra esencia es amor. Poco a poco lo iremos comprendiendo en la medida en que actuemos por amor, ya que esto es conforme a nuestra esencia y no por miedo, que ha sido el que hasta ahora domina la mayor parte de nuestras reacciones.

Se requiere de mucha energía para desapegar a aquellos cuyo estado de conciencia es primitivo, pero la atracción de quien nos dio la existencia es más fuerte que el deseo de estar en el mundo de la ilusión y acabarán finalmente desprendiéndose de éste. A través de la oración y de la asistencia que se les proporciona de los planos espirituales es como se les ayuda a salir de ahí. Se les recomienda a los que se quedan que eleven oraciones y les envíen mentalmente amor y luz rosada, ya que esto es lo que les ayuda a ver la luz maravillosa del Creador.

Veamos lo que nos dicen quienes tienen como misión ayudar a los que todavía nos encontramos en la Tierra:

No se necesita el don de la mediumnidad para comunicar con este plano. Nuestra ayuda a los encarnados es constante y ellos nos escuchan más o menos bien. A veces se nos dificulta la comunicación porque nuestros protegidos están envueltos en su ego el cual desea dominar a otros, sobresalir, poseer y no los deja escuchar otra cosa que sus propios deseos. Pero entonces tenemos el recurso de proporcionarles circunstancias, a menudo dolorosas que los hagan reaccionar.

Se ven muchos casos de personas que actúan contra el amor y sólo en favor de sus ambiciones sin que tengan por eso algún revés en su vida. Se necesita a veces dejarlos ir hasta el límite de sus ambiciones para que se den cuenta de que eso no los satisface plenamente. Al morir se percatan de que todo aquello por lo que vivieron, actuando en contra del amor para obtenerlo, no les sirve de nada. Es cuando, una vez que se despegan de su obsesión por lo que dejaron, sus remordimientos los hacen reaccionar y darse cuenta de cual es el verdadero camino.

A muchos les es difícil salir del Bajo Astral donde se quedan apegados, deseando volver a tener poder y posesiones, pero ya dijimos que la atracción de nuestro origen es más fuerte que cualquier deseo. Es cierto que estas almas se pueden quedar siglos de vuestro tiempo ahí, pero las oraciones de los encarnados y nuestro esfuerzo por sacarlos de ahí tiene al fin y al cabo éxito. Por esto es que se recomienda tanto orar por las almas del purgatorio, ya que esto genera una energía que ayuda a elevarse a los que ahí se encuentran atados.

Estamos en un proceso de evolución hacia nuestro origen, tanto el planeta Tierra como la humanidad que lo habita y en estos momentos este proceso se está acelerando ya que el planeta cambiará de ser una escuela elemental en donde hasta ahora manda el ego a una escuela superior donde reinará el amor y la fraternidad. Esto es lo que se entiende por el cambio de era; es ahora cuando más se facilitará a estas entidades a liberarse de esos planos, puesto que el cambio de vibración de la tierra arrastra en su ascensión a quienes entienden su error.

Se tiene que comprender que los conceptos que se tienen en la tierra son bastante lejanos de la realidad espiritual, que el cuerpo es como una coraza que impide comprender con claridad la dimensión espiritual. Al bajar a la frecuencia del mundo material se pierde la memoria de los otros planos; son características de la densidad misma de esta realidad que interrumpe la fluidez de las vibraciones superiores. Si se introduce un objeto en el agua perderá contacto en cierta medida con el exterior pero si este mismo objeto se entierra en el lodo que está en el fondo del agua, lo perderá por completo. Así la densidad de la vibración de la materia física nos separa de las otras realidades. Al dejar el cuerpo físico se está en la posibilidad de comprender mejor las verdades divinas pues el cuerpo material es cómo el lodo del que hablábamos.

Por esto no nos cansaremos de decir que nadie posee la verdad en su totalidad, cuando se está encarnado son únicamente destellos los que nos llegan de esa Gran Verdad, por lo que cada uno ve un aspecto de ella sin llegar a comprenderla por completo. No obstante, en cuanto nos vamos acercando a nuestro ser real, es decir, conforme nuestra conciencia se va expandiendo y acercándose a nuestra propia luz, que es el rayo que emana de la Consciencia Cósmica, vamos comprendiendo con mayor claridad todas las verdades.

CAPÍTULO III

EL ASTRAL

La mayoría de las personas están dormidas, pero no lo saben. Nacen dormidas, viven dormidas, tienen hijos dormidas, mueren dormidas sin despertarse nunca. Nunca comprenden el encanto y la belleza de esto que llamamos existencia humana. Todos los místicos, católicos, cristianos, no cristianos, cualquiera que sea su teología, independientemente de su religión, afirman una cosa unánimemente: TODO ESTÁ BIEN.

Esto es, sin duda, una extraña paradoja, pero lo trágico es que la mayoría de las personas nunca llegan a darse cuenta que todo está bien, porque están dormidas. Tienen una pesadilla.
Anthony de Mello S. J.

El ser que desencarna entra en un proceso de adaptación a su nueva vida, ya sea que se encuentre en el bajo astral o en sus niveles superiores. Se empieza a realizar en su consciencia un asombro ante lo que encuentra que no esperaba pero los seres que están ya allí salen para ayudarlo a comprender lo que sucede. El recién llegado muchas veces es rebelde e incrédulo y no los escucha. Se necesita de mucha paciencia y amor para hacerles entender que sus antiguas creencias no siempre se corresponden a esa realidad.

Aquí surge de nuevo el eterno problema de la humanidad, la soberbia que no acepta haber estado equivocado, rebelándose el ser humano ante lo que difiere de sus expectativas. En ocasiones es sumamente difícil convencerlos de dejar sus prejuicios y abandonarse a la luz del Ser Supremo que ilumina ese lugar. Sin embargo, la atracción que ejerce el Creador sobre su creación es de tal manera intensa que todos acaban por avanzar hacia Él.

No comprendo el porqué de lo que me sucede

El cáncer de Marina era agresivo y su estado delicado pero se negaba a admitir la posibilidad de la muerte que se veía venir de manera inevitable. Su juventud y su deseo de vivir no la dejaban enfrentar objetivamente la realidad y consideraba la muerte como algo negativo.

Jocelyn comenzó a visitarla regularmente e intentaba abordar el tema de la muerte pero Marina lo rechazaba porque iba en contra de lo que ella deseaba, que era seguir viviendo.

Marina murió en un estado de falta de aceptación y sin haber profundizado en el verdadero sentido de su enfermedad, de la vida y de la muerte; rebelde por todo lo que dejaba atrás, su familia y los proyectos que tenía para el futuro.

Unas semanas después de su muerte se expresó así:

El esperar sin esperanza de alcanzar alivio es verdaderamente el infierno. No sé por qué tuvo que sucederme esto a mí. Mi vida se truncó cuando tenía tantas cosas por delante, mi marido con el cual me entendía, mis hijos que amo intensamente, todo me ha sido arrebatado rompiéndome el corazón.

Le contestamos que ni su marido ni sus hijos le pertenecían sino que eran almas que habían aceptado de antemano vivir juntos esta experiencia que incluía una dolorosa separación, con el propósito de aprender y crecer.

¿Cómo pueden decir que ni mi marido, ni mis hijos son míos? Esto no lo creo y no estoy dispuesta a seguir hablando así. Estoy muy enojada contra quien me los ha quitado y no entenderé nunca cuál es la razón. Mi creencia es que todo lo que me enseñaron eran mentiras. ¿Dónde está el cielo, dónde el purgatorio? Y en cuanto al infierno, lo estoy viviendo pero no creo merecerlo, nunca hice nada malo y siempre creí lo que la religión decía. Explíquenme algo más creíble.

Le explicamos que eran sus apegos los que la mantenían en ese estado, que la luz estaba ahí pero sólo la podría ver si aceptaba su nueva situación y deseaba ir hacia ella.

El decirme que deje a mi familia me parece una aberración. Es lo más sagrado que tengo ¿Cómo lo puedo dejar? No es cierto lo que ustedes dicen, no hay ninguna luz aquí, sólo niebla y oscuridad.

Continuamos diciéndole que Dios es amor y misericordia, que se entregara a Él.

Me dan algo de consuelo tus palabras en medio de mi rebeldía y si oigo que Dios es amor y misericordia, en el fondo siento que así es, pero sigo sin comprender el porqué de lo que me ha sucedido.

La verdadera vida no está aquí -le replicamos -esta es sólo la escuela a la que venimos a aprender a desarrollar las diferentes virtudes. No sería justo que ésta fuera la única con todo el sufrimiento y las diferencias de destino que existen. Ella se encuentra en el mundo espiritual.

Me dan paz; voy a reflexionar sobre el hecho de que la verdadera vida no está en el mundo físico, eso también lo dice la religión. Me dan paz, voy a pedir a Dios misericordia. No me abandonen, sigan enviándome amor.

Durante los siguientes días continuamos mandando luz a Marina. Según lo que nos han dicho los que han pasado por este paso, la perciben como un baño de amor, como una ola de calor y bienestar que los envuelve, pues al estar ellos sin la limitación del cuerpo físico, sienten esta energía de forma más directa que nosotros. El amor, al ser la energía que une al Creador con sus criaturas, ayuda al que la recibe a elevarse a planos superiores.

Posteriormente, en nuestro grupo de meditación, Marina se volvió a presentar y se la ayudó a desprenderse al fin del plano terrestre.

De acuerdo a lo que nos dicen quienes ya han pasado por ese proceso en cuanto el alma ve la luz del Creador que ilumina el mundo espiritual, se eleva al plano del astral que le corresponde por afinidad vibratoria. Ahí se ven con toda claridad los actos realizados durante la vida que acaba de concluir, momentos en los que ya no hay lugar para autojustificaciones. Se ven sin ambages los actos de egoísmo, las transgresiones continuas al amor lo cual puede ser muy doloroso. Esta revisión de la vida se hace delante de seres de luz que se les conoce como el tribunal del juicio, que no están ahí para reprobar sino para irradiar energía curativa que limpia cualquier negatividad provocada por la culpa. Son los altos seres del Juicio los que nos ayudan con amor infinito a perdonarnos y a comprender que nuestros errores han nacido de la falta de consciencia. En lugar de confirmar la no aceptación y el auto desprecio estos seres nos apoyan ayudándonos a ver lo que hubo de positivo en esa vida y encauzándonos a aprender de los desaciertos pasados.

Según los reportes de personas que han pasado por la experiencia de la *casi-muerte* , es decir, que después de estar clínicamente muertos vuelven a la vida, dicen que cuando se les presenta la visión panorámica de su vida entera la ven al mismo tiempo como espectadores y como actores. Lo que más les impacta es que sienten en ellos, todos y cada uno de los sufrimientos y alegrías que han causado a otros. Es ahí donde nos damos cuenta del sentido de la frase *"Amarás a tu prójimo como a ti mismo"* porque el bien y el mal que hacemos a otro nos lo estamos haciendo a nosotros mismos, puesto que somos parte del Todo.

Si el cuerpo astral del recién fallecido ha estado muy dañado, ya sea por enfermedad prolongada y no aceptada, por drogas, alcohol, muerte por asesinato o suicidio, se le lleva a un periodo de sueño en el que la consciencia se adormece mientras que sus cuerpos se reparan con la energía universal que todo lo armoniza. A este estado también se lleva a quienes han estado muy alejados de su luz interna. Es lo que se entiende por el sueño reparador que será más o menos largo según la necesidad del individuo.

A continuación incluimos un mensaje recibido de un alma desencarnada que nos ha ayudado a entender este proceso.

"No pueden siquiera imaginar la belleza de este plano donde nos encontramos. Se necesitan utilizar conceptos terrenales para describirlo pero faltan palabras que se ajusten a esta realidad. Sólo les puedo decir que nuestro sentimiento de amor se sublimiza y se agudiza nuestra comprensión de las leyes cósmicas.

Al desencarnar se comienza por el desprendimiento de los cuerpos mortales. Enseguida, cuando no se sigue obsesionado con lo que se dejó sino que el alma se dirige a la luz que ilumina el mundo espiritual, se ve con mucha claridad la vida que acabamos de experimentar. Vienen los remordimientos y el auto juicio, siempre asistidos por esos altísimos seres que nos ayudan con inmenso amor a ver nuestros errores y aciertos.

Después se nos pone en ese estado de sueño reparador para equilibrar nuestras desarmonías. Mientras estamos en esta dimensión, en un principio se nos otorga la posibilidad de crear el entorno que fue nuestro ideal en la Tierra con el objeto de poder descansar de las vicisitudes de la vida que acaba de terminar. Este primer plano sirve para despresurizarse del ambiente denso del mundo material. Como el deseo de avanzar siempre está latente, el alma se estaciona más o menos tiempo en ese mundo ilusorio y después despierta a la realidad del mundo espiritual. Entonces empieza el verdadero trabajo en este plano, que es maravilloso. Hay quienes se dedican a conocer y estudiar más a fondo las verdades cósmicas hasta donde su estado de consciencia se lo permite. Estos conocimientos generalmente se conservan y sirven en la siguiente encarnación. Otros trabajan para recibir y ayudar a los recién llegados a este plano a integrarse en su nueva vida; otros se dedican a dirigir a los encarnados desde aquí, a través de comunicación telepática.

Se decide desde aquí, nuestra participación en el plan de ayuda a los que se encuentran todavía en la densidad del mundo físico; se hacen planes de trabajo arreglando las circunstancias necesarias para que se den las condiciones óptimas en el despertar de la consciencia. Nuestra labor consiste en organizar lo mejor posible el funcionamiento del plano material para corregir las desviaciones de las actitudes humanas, proporcionando estímulos y circunstancias que lleven a los seres humanos a su despertar.

Es un trabajo minucioso y no siempre fácil. No se logra fácilmente que los individuos respondan en el sentido que se espera y cuando esto no es así se necesita organizar otro suceso que los haga reaccionar. Es por eso que a veces nos parece que son coincidencias lo que sucede y lo tomamos como simple golpe de suerte o crueldad del destino. Hay que entender que no es ni una cosa ni otra, sólo efectos de nuestras propias causas .

Al ser nuestra mente creadora, se crean las circunstancias de nuestra vida, ya sea desde el plano causal, es decir, desde nuestro Yo interno que pugna por manifestarse o desde nuestro cuerpo mental que se conecta con el astral y sigue las emociones provocadas por éste. *Cuando es este el caso y nuestros deseos van en el sentido opuesto del despertar de consciencia, se provoca el efecto desarmónico que se plasmará en nuestra vida como dolor. En ambos casos se trata del poder de nuestra mente pero a diferentes niveles. El pensamiento que pertenece a los cuerpos inferiores se provoca en ellos, es decir, el cuerpo físico con sus exigencias materiales, el cuerpo astral con sus emociones egocéntricas, destapan la energía que provoca los pensamientos egoístas y los que conforman el ego. Es un círculo que se alimenta de los deseos, necesidades y emociones de los cuerpos inferiores, el cual se romperá cuando se llegue a la comprensión de unidad y se deje fluir hacia el cuerpo mental la energía proveniente de los cuerpos superiores.*

Lo que nosotros hacemos es seguir la corriente de la energía del pensamiento de los encarnados organizando las circunstancias necesarias para que se cumplan esos deseos creativos, sean en el sentido que sean y después ayudamos a que se cumplan los efectos de esos deseos creativos que ayudarán al despertar de la consciencia, es decir, a la energía proveniente del cuerpo causal.

La ayuda de nuestro plano al vuestro es continua; si somos todos Uno es comprensible que se esté conectado desde los niveles más altos hasta los más bajos. Conforme se va abriendo la consciencia se va actuando en mayor armonía con la voluntad del Altísimo pero mientras la consciencia está dormida se actúa muy frecuentemente en desarmonía. Los hermanos mayores estamos pendientes de los que aún se encuentran dormidos para ayudarlos a despertar organizando circunstancias que les ayuden a abrir su consciencia. Si no se puede ir en contra del libre albedrío de nadie, estando su poder de crear siempre presente, lo que hacemos desde los planos superiores es tratar de contrarrestar las creaciones inarmónicas con estímulos que les hagan comprender su error.

El poder de nuestra mente es inmenso y emite energía creativa que se conecta con nuestra mente en este plano espiritual y provoca que nosotros trabajemos en obtener lo que esa mente esté creando. Esto pone en claro cómo estamos todos interconectados puesto que somos todos manifestaciones de una sola y misma esencia. Si logramos entender y después aceptar que todo lo que nos acontece se nos da con el fin de aprender, crecer y despertar, cada día se equilibrará más nuestra vida y será más armónica.

En este mundo no existe ni el dolor ni el sufrimiento. Las almas se reúnen por afinidad vibratoria y trabajan en grupos ayudándose los unos a los otros. Se preguntan qué pasa con esas almas que han estado llenas de lo que se llama maldad y egoísmo. Cómo es que de pronto se convierten en seres pacíficos y fraternales. Al estar sin la densidad del cuerpo y envueltos en esta luz maravillosa, su consciencia se abre a ella y no les es posible actuar inarmonicamente. Esto cuando ya se salió del bajo astral y se está en cualquier nivel del astral medio y alto.

Como todavía no se dominan las diferentes virtudes y se tienen que experimentar las diversas vivencias del mundo tridimensional, además de sentirse atraído por él mientras se sigue vibrando en esa frecuencia, se regresa para acabar de experimentar todo lo que ese mundo ofrece antes de continuar su evolución en el siguiente plano de consciencia.

Hay seres que del bajo astral vuelven a encarnar, en virtud de que la atracción por el mundo de la materia es irresistible. Estos seres son los que nacen en medios muy alejados de la luz pero que a través de experiencias muchas veces difíciles y dolorosas empiezan a desapegarse de esa baja vibración y comienzan a abrir su consciencia. Se les vuelve a decir que los momentos actuales son de purificación y que todos esos seres que no conocen la luz se les dio la oportunidad de expresarse en la materia para que puedan aprovechar la aceleración del planeta y logren elevarse al siguiente plano de consciencia.

Estamos viviendo el cambio de era que llevará a la humanidad del planeta tierra a abrirse a la consciencia de la cuarta dimensión donde ya no habrá maldad ni egoísmo y será una vida completamente nueva. Este cambio de dimensión se hará en mucho, muchísimo tiempo del tiempo terrenal pero se comenzará a gestar en las próximas generaciones.

Entre la vida y la muerte no existe ninguna barrera, la una es continuación de la otra en una misma línea energética. Todo es energía que vibra a diferentes frecuencias y lo que en el mundo físico se entiende por "vida" no es más que una etapa en el largo camino de la evolución. Cuando nos encontramos en esa etapa creemos que es la única y la más importante; no porque no lo sea pero solamente se trata de una de tantas experiencias de nuestro poder creativo.

Algunas veces aun después de haber llegado al primer plano del mundo espiritual, siguen las almas reaccionando con el cuerpo emocional. Es decir, siguen experimentando emociones como la culpa o el enojo por haberse equivocado durante su experiencia terrenal, lo que detiene su ascensión a los planos superiores. Damos aquí un ejemplo de esto. Es la continuación del caso del alma que creía haber comprado la salvación.

Carmen, me dan permiso para volver a hablarte y decirte cómo ha sido mi proceso. Cuando llegué a este mundo, después de mi soberbia de sentirme con todo el derecho de ir al cielo por haberlo comprado y gracias a tu ayuda y a la de tus compañeras, me sentí feliz de descubrir este mundo maravilloso pero a la vez enojado por haberme equivocado en mis antiguas creencias.

¡Cómo era posible que nunca me hubiera cuestionado nada, habiendo tenido la inteligencia que me lo permitía. Mi orgullo estaba muy herido y a pesar de estar feliz en este mundo, me reprochaba no sólo eso sino todo lo que fue mi vida. Como sabes, viví lleno de rencor y frustración molestando a quien podía pues encontraba una dulce venganza en ello. No puedes saber el sufrimiento moral por el que se pasa cuando nos damos cuenta de nuestras

faltas. Mientras estuve allá me justificaba con la idea de haber sido víctima de mi padre y con confesarme todo lo arreglaba, además de comprar indulgencias cada vez que se presentaba la ocasión.

Estuve algún tiempo con esos remordimientos pero aquí hay unos seres amorosísimos que nos ayudan a revisar nuestras vidas y a aprender de los errores. Al vivir en este mundo tu entendimiento se agudiza pero el orgullo está siempre presente y me costó trabajo elevarme al siguiente plano porque no quería aceptar mi equivocación. Vinieron muchas personas que conocí en vida para ayudarme; mi terquedad no tuvo límites pues tardé mucho tiempo en decidirme.

Ahora ya dejé atrás mi soberbia, estoy en un plano en donde se aprenden verdades cósmicas asombrosas, son como universidades de altísimo nivel adonde acuden muchísimos seres y se discute y habla de temas importantísimos. Aquí seguiré aprendiendo verdades importantes al mismo tiempo que aprendiendo a ejercer el amor universal hasta que pueda elevarme a dimensiones superiores, lo que se logra con vivir en armonía de amor.

Se viene al mundo físico para aprender y superarse pero el verdadero mundo es el espiritual ya que en él se prepara conscientemente toda la experiencia que se llevará a cabo en la vida física. En el mundo espiritual se hacen los planes que con anterioridad se aceptan según las lecciones que el ser se propone aprender. Si a veces no se completa el plan previsto se organiza una nueva experiencia para llevar a término lo que no se realizó.

Esto sugiere el hecho de que nuestro libre albedrío está mucho más presente antes de encarnar en el mundo físico ya que voluntariamente se escogen todas las circunstancias de familia, país y medio socio-económico así como las penas y alegrías por las que se han de pasar con el objeto de aprender de todo ello. El cómo se aprovechen o no todas estas oportunidades es lo que queda, en el plano físico, de nuestra libre decisión de actuar.

Mientras se está en el "bardo", el espacio que se encuentra entre cada encarnación, muchas son las actividades a las cuales se dedican las almas. Estas van desde el sueño reparador que puede durar siglos del tiempo terrestre y que se necesita para des encostrar de negatividad a quienes se envolvieron en mucha oscuridad durante su pasaje por la tierra hasta, como antes se dijo, el estudio de los misterios y las leyes del cosmos o el servicio de ayuda a los encarnados y a los recién llegados al mundo espiritual.

La vida ahí es continuación de la de la tierra, más bien ésta es una copia facsímile de la verdadera. Ahí existen las jerarquías pero no basadas en el poder sino en la frecuencia vibratoria. Nadie trata de suplantar a otro, las jerarquías son perfectamente respetadas pues provienen de la cantidad de luz que emana de cada uno de esos seres.

Ha habido varios investigadores del espacio entre las vidas, como la doctora Helen Wambach, psicóloga clínica de San Francisco, Edith Fiore hipnoterapeuta de California, el doctor Joel Whitton, psiquiatra de Toronto, Canadá, entre otros, que han obtenido información muy interesante. Todos estos médicos llevan a sus sujetos a un estado de hipnosis en el que viajan por esa tierra de nadie, de la muerte y sus relatos nos dan el mensaje de que la vida después de la muerte es la misma que antes de nacer, que todos hemos pasado por ella múltiples veces y nos es tan familiar como la del plano terrestre.

Nos dice el doctor Whitton en su libro *"La Vida entre las Vidas"* que sus sujetos, cuyas formaciones religiosas son tan variadas como sus prejuicios iniciales en pro o en contra de la reencarnación, han atestiguado de manera consistente que el renacimiento es fundamental en el proceso de evolución del que participamos. Todas las investigaciones mencionadas coinciden básicamente con lo que hemos recibido a través de nuestras comunicaciones.

Antes de iniciar una nueva experiencia en la Tierra, se planifica la vida futura, generalmente asistidos por seres más evolucionados que nos ayudan a tomar las decisiones pertinentes.

Como ejemplo citaremos el caso de uno de los sujetos del doctor Whitton que decía:

Elegí a mi madre sabiendo que en su familia había una incidencia alta de la enfermedad de Alzheimer y que era muy probable que yo llegara a sufrirla. Pero los lazos kármicos con mi madre eran mucho más importantes que esa deficiencia genética. Había también otra razón para elegir a mi madre. Los jueces me dijeron que me convenía pasar por la experiencia de criarme sin padre y yo sabía que mis padres habrían de divorciarse pronto. También sabía que la elección de esos padres me ubicaba en el lugar ideal para conocer al hombre con el que estaba destinada a casarme.

Y otro caso de una mujer que contó que ella sería vulnerable a una tragedia personal que le cambiaría mucho la vida:

Mi plan era que un acontecimiento trágico haría cambiar toda mi alma cuando tuviera poco más de treinta años. Al concentrarme en ese acontecimiento iba a encontrar un sentido más profundo a mi vida. Y eso fue exactamente lo que pasó.

Como ejemplo de la ayuda de nuestros guías y maestros para organizar circunstancias, podemos pensar en una persona que de antemano escogió el desapego material en esta vida cómo estímulo para su crecimiento. Después de pasar por múltiples dificultades económicas a lo largo de toda su vida sigue apegada a ciertas cosas materiales. Entonces se le presenta una situación en la que su marido pierde el trabajo y ahora sí, para salir a flote, necesita vender aquello a lo que estaba fuertemente apegada. Al no haberle servido suficientemente los primeros estímulos menos graves para entender el desapego, entonces nuestros guías ayudan a que se presente una circunstancia más fuerte.

Mucho trabajo interno se necesita desarrollar para aceptar la vida como se nos presenta. Mucha elevación de espíritu para entender que TODO ESTÁ BIEN como se va dando y sobre todo dejar a un lado el control que nos hace vivir en la falacia de creer que somos dueños de nuestro destino y del de los que nos rodean. Somos dueños de nuestro destino desde otra dimensión, ya que hemos escogido de antemano las circunstancias que nos servirán para nuestro despertar. Pero en el estado de consciencia tridimensional se nos olvida y queremos cambiarlo todo. Es ahí donde no somos dueños de los acontecimientos como quisiéramos. Es posible, en efecto, poder cambiar ciertas circunstancias con el poder de la mente pero si esto va en el sentido opuesto de lo que nos servirá para nuestro aprendizaje, estaremos provocando otra circunstancia que será igualmente desagradable a la que quisimos cambiar.

El cambio de era tiene que ver con un cambio interno en el hombre, en el cual nuestros comportamientos estarán regidos por el amor y no por el miedo. El hombre, al haber perdido el sentido de unidad con el Todo, se guía por el miedo de sentirse separado y basa prácticamente todas sus actitudes en el deseo de controlar, de sobresalir, de reconocimiento ya que esto es lo que le da la sensación de seguridad. Todo el comportamiento egocéntrico gira alrededor del temor y la vulnerabilidad que sentimos. Se trata de que a través de nuestras experiencias en la vida vayamos poco a poco rompiendo la ilusión del separatismo abandonándonos al fluir de la vida, llevando la rienda más suelta con la seguridad de que estamos siendo guiados por nuestro ser interno.

Por lo tanto, dirijamos nuestra mirada hacia el crecimiento interno y soltemos el control de nuestras vidas y la de los demás. No se puede vivir controlando todo lo que pasa y obligando a la vida a seguir los pasos que creemos que deben ser. Aceptemos las circunstancias como vienen; esto no quiere decir que no debamos actuar, pero cuando se actúa y se obtienen resultados que no son de nuestro agrado, no tratar de cambiarlos todo el tiempo; por algo será que así se nos presentan.

El desear siempre ser superior a los demás es un comportamiento muy usual en los seres humanos. Nos molesta que alguien haga las cosas mejor que nosotros y tenga más éxito. Mejorar nuestras actitudes, dar lo máximo de nuestro esfuerzo es lo que nos debe importar sin ver si lo hacemos mejor o peor que los otros. Cada quien tiene dones diferentes que desarrollar y no se pueden acrecentar los que no se tienen. Por lo tanto dejemos de mirar la hierba verde del vecino y empeñémonos en hacer reverdecer la nuestra. El quizás tenga árboles frutales y flores diferentes a las nuestras que requieren de otros cuidados para su crecimiento, elijamos lo que hará florecer nuestro propio huerto.

El Altísimo comprende todo, acepta todos nuestros errores sin que por eso disminuya su amor por nosotros, porque su amor es el amor perfecto. Si queremos acercarnos a Él debemos aprender a amar de esa manera. Nuestro problema es que todo lo que se opone a nuestro concepto muy personal de ver la vida lo rechazamos y al ser cada persona diferente, no es fácil que siempre nos parezca bien lo que los otros hacen. Aprendamos a convivir en armonía con seres que difieren de nuestras expectativas, aceptémoslos como son y elevemos nuestra vibración cuando sus actitudes no nos complacen, viendo en su actuar su forma de enfrentar la vida que es diferente a la nuestra. Cuando se logra aceptar así a los demás se obtiene una enorme armonía y paz interna, donde se encuentra la verdadera felicidad.

Nuestro poder creativo lo hemos utilizado creando diferentes realidades para expresarnos en ellas. Al llegar al de la materia física se densifica de tal manera la energía creadora que perdemos el contacto con las otras dimensiones y nos quedamos atrapados en él.

Se considera que este mundo tridimensional es ilusorio porque es sólo un experimento de nuestro poder creativo, su existencia no es eterna sino perecedera. Una vez terminada la experiencia de esta dimensión, este mundo material se reintegrará a su origen como todas las conciencias que lo habitan. Se habla de la respiración de Brama, de la involución y la evolución de la conciencia y es esta emanación de nuestro Creador seguida de la absorción en Él de todo lo creado lo que corresponde a la ilusión, ya que su existencia es efímera, no es eterna. A nosotros nos lo parece, pero en el concepto de la eternidad es sólo un suspiro.

El comportamiento separatista y egocéntrico que se tuvo durante la experiencia tridimensional se va diluyendo conforme se va comprendiendo que no somos separados y para eso ayudan las vivencias dolorosas que se tienen en el mundo físico.

Se dice que el dolor acelera las vibraciones y abre la consciencia. ¿Por qué? Es el dolor el estímulo que urge a encontrar otros conceptos, otras soluciones y por lo tanto que nos ayuda a salir de la ilusión;

sin él nos estancaríamos en la experiencia del mundo físico. Otro propósito del dolor es crear el placer, si no se ha tenido un dolor que precede, el placer no es perceptible. Así el dolor tiene un doble objetivo, crear el placer pero también cuando éste ya se desgasta, estimular al ser humano a buscar otras soluciones más elevadas que el simple placer material.

La experiencia que nos toca vivir se escoge de antemano siguiendo un plan determinado con el objeto de aprender ciertas virtudes. Aunque la aprovechemos o no como nos lo habíamos propuesto antes de emprender la aventura en el mundo físico, de cualquier manera se aprende. Damos aquí el testimonio de un alma que quiso compartir sus experiencias que nos pueden servir de ejemplo.

Fui muy consentido de la vida y es porque eso escogí con el objeto de dar a otros lo que no tenían. Sí lo hice pero no suficientemente y eso fue porque me ganó mi egoísmo. Cuando se tiene mucho en la vida no es para adjudicárselo en forma exclusiva sino para compartirlo con quien lo necesita. Nunca es bastante lo que damos porque el que da recibe y si como se dice, somos vasijas llenas, debemos dar lo que se nos ha dado. Yo esto no lo comprendí, ya que creía que todo me lo merecía y que yo era el dueño de los destinos de los que me rodeaban.

Ahora sé que no es así, lo que se nos da es con el objeto de ayudar a los necesitados, de difundir la palabra del Creador y de dar salud moral y física al enfermo. Esto no quiere decir que no debamos gozar de los bienes que se nos otorgan, por el contrario, somos felicidad en esencia, así que si actuamos en armonía con la vida, eso obtendremos. En el hecho de dar se encierra la verdadera felicidad.

Mi comportamiento fue muy egocéntrico, nunca tomé en cuenta la opinión de mis subordinados, ya fueran éstos familia o empleados. Creía que mi opinión debía prevalecer y ser respetada sin oposición. Mucho sufrimiento me ha causado ese comportamiento ya que aquí se comprende que nunca se debe actuar en contra del libre albedrío de nadie.

Estas cosas las digo para que queden como ejemplo y den testimonio de lo que no se debe hacer. Al estar en este plano maravilloso se comprende con claridad impresionante de lo que se trata la vida. Es para crecer en lo espiritual, para ser cada día más fuertes y a la vez más humildes y amorosos.

Cuando la gente se rebela ante lo que le toca vivir tiene que entender que todo lo que acontece en ese mundo es con el objeto de aprender a desapegarse del plano terrenal y de fortalecerse espiritualmente. El dolor es el acicate del avance espiritual y entre más se le acepte más arriba se logra alcanzar la espiritualidad. Esto no solo ayuda a la evolución sino al propio dolor que en cuanto hay aceptación de las circunstancias que se viven, se apacigua y aún desaparece.

Se me da la oportunidad de comunicarme con ese plano y lo poco que sé se lo comunico. Lo único que sirve en la vida es actuar con amor y generosidad. Nuestras acciones egoístas se pagan con gran desasosiego al llegar aquí. En nombre del Creador les digo que mientras nuestra mente esté puesta en satisfacer lo material no alcanzaremos nunca la felicidad. Ojalá hubiera oído estas cosas durante mi vida allá, nos las dicen pero de manera superficial y que no convence.

Recibimos una lección sobre la generosidad:

La generosidad es una forma de desapego y la envidia y la avaricia son su contrario.

La envidia es el apego a lo que los otros tienen, viene del deseo de poseerlo todo, de tener todas las cualidades, del deseo de ser más que los demás.

La generosidad da y comparte lo que se tiene, no desea todo para sí sino que de lo que tiene desea que los demás lo disfruten también.

La avaricia es la necesidad de guardar todo para sí, no compartir nada, ni el dinero ni el propio tiempo o las propias cualidades. Esta singularidad evita que la energía de la abundancia fluya y al estancarse provoca una serie de desajustes emocionales muy serios pues evita también que la energía amorosa enriquezca a su ser y a los que lo rodean. ¿Por qué? El amor es unión por lo tanto no es privativo, no es encapsulado en una sola persona, es generoso por naturaleza. Al ser una energía que une a todo el Universo, anula la separación.

La generosidad va de par con el amor, ya que da de lo que tiene, de su persona, de su tiempo, de sus cualidades, se regocija con el bienestar ajeno y no se encierra en su propia persona, en una palabra, es unión.

Todas las experiencias que se tienen durante la vida van enfocadas al despertar de la consciencia. Cada muerte, tanto para el que pasa por el proceso como para los que se quedan, lleva implícita una enseñanza.

Vivía aferrado a todo lo que la vida ofrece

Cuando Felipe murió, estaba en la plenitud de su vida afectiva y profesional. Después de curar durante años a una esposa gravemente enferma y de una viudez solitaria, había encontrado amor y compañía en su nueva mujer, Emma. Para ella, ese matrimonio feliz y armónico también venía a cancelar tiempos tristes, abandono, conflictos con su primer marido. Poco antes de que muriera nos encontramos con Felipe en una reunión social; se tocó el tema de la muerte, posibilidad que él nunca quiso enfrentar, a pesar de que había estado muy cerca de ella.

Poco tiempo después supimos de su muerte y al estar pensando en él, se presentó a través de Carmen. Nos dicen nuestros guías que, cuando piensas en alguien, el contacto es tan fácil cómo si hablaras por teléfono. En el caso de Felipe, aunque no nos conoció bien, su deseo de comunicarse con el mundo físico era tan grande que descolgó la metafórica bocina.

Nuestro encuentro no fue casual y ahora me doy cuenta que se me dio la oportunidad de conocerlas para la futura ayuda que vendría de ustedes. Mi desesperación no tiene límites, ya que no quería ni estaba preparado para dejar ese mundo. Por fin había encontrado una compañera que me amaba y que es buena y mis negocios no iban mal a pesar de la crisis. Cuando ustedes tocaron el tema de la muerte no me gustó pues no quería ni oír hablar de algo así. Vivía aferrado a todo lo que la vida ofrece y veía la muerte como algo lejano e improbable. De pronto se cernió sobre mí sin previo aviso en el mejor momento de mi vida. Esto es sumamente cruel y no lo acepto. No sé si hay un Dios pero no entiendo que dé la vida para quitarla después.

Le dijimos que ya no le correspondía estar aquí, que no es que Dios nos quite la vida sino que nos permite estar en este mundo el tiempo necesario para nuestro aprendizaje. Cuando termina aquí, empieza en otro plano, y es cuando nos toca dejar este cuerpo. Como siempre, le aconsejamos que confiara y fuera hacia la luz.

No quiero ver ninguna luz, sólo quiero regresar a donde fui feliz y no sé cómo.

-Esta vida no es la verdadera-le contestamos -es simplemente una escuela. Te espera un mundo maravilloso donde reina la verdadera felicidad, el amor y la fraternidad, si solamente tu deseo es ir hacia él.

Me dices cosas muy bonitas pero irreales. Si fuera eso cierto ya estaría viendo ese mundo maravilloso del que me hablan. No deseo ver la luz, no existe tal cosa. Muchas gracias por su buena intención pero es infructuosa. Adiós.

Días más tarde volvió a comunicarse en los siguientes términos:

No entiendo qué me pasa cuando las siento a ustedes, claramente recibo sus pensamientos de amistad tratando de ayudar. Con mucha pena les digo que no creo lo de la luz, aquí no hay ninguna, sólo frío y oscuridad, aunque cuando me mandan pensamientos de amor siento alivio. Me siento muy solo, no veo a nadie, sólo niebla y oscuridad; a veces logro entrever lo que acabo de dejar, se me aparece lo que ya no puedo tener y eso me entristece profundamente. Me dicen que hay algo diferente y mejor de lo que dejé. ¿Donde? No lo veo. Siento calor cuando me hablan y eso me consuela. Sigan mandando eso que llaman amor y me daré cuenta quizás de que existe algo más que este calabozo frío y lúgubre.

-Ese consuelo que experimentas al sentir nuestro amor es para que comprendas que eso, multiplicado, es lo que encontrarás en la luz.

Felipe quería creernos, pero al pensar en su mujer se retraía de nuevo. Pedía verla, que nos acompañara en nuestro esfuerzo por liberarlo. No era un deseo fácil de cumplir, ya que a Emma, como a tantos otros, le resultaba difícil creer en la muerte como un simple paso a otro nivel así como en la comunicación con los difuntos.

Es cierto, nadie cree en estas cosas mientras nos encontramos en la Tierra. Yo no me ponía a pensar qué pasaría después de la muerte; nos pensamos eternos y la muerte es algo en lo que no hay que pensar.

-Sí somos eternos, ya te estás dando cuenta de que la muerte no existe.

Me dices que somos eternos y comienzo a entenderlo puesto que sigo vivo. Si Emma me lo dijera, le creería.

Mientras tanto, Jocelyn le había enviado a Emma el libro de Carmen, *El camino de Regreso*, recomendando que leyera el capítulo sobre la muerte. A través de una amiga común, supimos que Emma consideraba el libro como algo irreal y fantasioso, y no quería leerlo. La noticia nos desanimó en pedirle que nos acompañara en las comunicaciones con Felipe.

No obstante, la siguiente semana antes de nuestra reunión, Carmen recibió una llamada de

Emma en la que pedía verla. Aquella amiga le había hablado sobre nuestra comunicación con su marido, lo que la convenció de que tal vez habría algo de cierto y valdría la pena explorarlo. Se le invitó a que asistiera a la reunión.

Durante todos esos días enviamos luz a Felipe, y en esa reunión se comunicó de nuevo a través de Teresina:

-Tengo una opresión en el pecho que no me permite hablar.(Felipe había muerto de un infarto al corazón) *Hay aquí muchos seres que me ayudan. No quiero bajar con ustedes porque no está Emma, me prometió venir y no quiere.*

Efectivamente el tiempo pasaba y Emma no llegaba. Después cuando llegó nos confesó sus dudas, su intento por escudarse en la falta de tiempo como una autodefensa. Nuestros guías nos informaron que Felipe se encontraba rodeado de seres que intentaban ayudarlo, él sin embargo, no quería oír nada que no se refiriera al mundo que acababa de dejar y a su esposa. Había accedido a oírnos siempre y cuando se encontrara Emma, pero al no verla se regresó al rincón donde, encorajinado, seguía experimentando las mismas sensaciones de su cuerpo al morir, puesto que ahí estaba su mente. Gracias a la luz que le enviamos constantemente, accedió a comunicarse con nosotros de nuevo.

-¿Por qué te encierras en ese dolor voluntario?-Le dijimos-Créenos, hay un mundo maravilloso que te espera.

-No creo en ustedes, no hay verdad.

-Estás encerrado en ti mismo. Tu dolor está en tu mente; ¿por qué no buscas la luz?

-Hay muchos hilos que me atan a este mundo; no arreglé los papeles del banco. Me preocupa mi hijo, no fuimos

amigos, siempre fui una autoridad para él. ¿Por qué no vino Emma, por qué se aleja?

Nuestros guías nos informaron que el dolor del pecho desaparecía.

Hay algo que no entiendo, veo esferas de luz que me rodean y me empujan.

-Son los seres de luz que te rodean, déjate llevar por ellos.

Me llevan a un túnel, tengo miedo, todo es amarillo y no siento el piso. Los hilos me atan. (Los hilos a los que se refería eran sus apegos mentales a todo lo que dejaba, los cuales eran tan fuertes que se habían materializado en cuerdas que lo ataban).

Un mensaje de nuestros guías llegó: *Estamos ayudándolo a partir, necesita que ustedes lo impulsen con luz rosada. Su calor y seguridad le permite avanzar, ya empieza a desprenderse.*

Emma llegó en ese momento y, convencida por lo que citamos de las palabras de Felipe que nosotros no podíamos inventar, se unió a nosotras en nuestra intención de enviarle luz. Poco después recibimos el último mensaje anunciándonos que Felipe estaba convencido: *Su gozo es grande al ver a Emma; salió ya de su encierro y comenzó a caminar hacia la luz. Momentáneamente se ha detenido porque quiere decirle a su esposa cuánto la quiere y pedirle perdón por no haber arreglado mejor sus asuntos. Ella debe perdonarlo y comprender que es la experiencia que le toca vivir... Se dirige ya hacia el túnel donde se le puede ayudar mejor... Ya se ha liberado, no se preocupen por él.*

A Emma le ha sido muy difícil aceptar la ausencia de Felipe; se siente desamparada pues alguna vez nos comentó que él la protegía mucho y le aseguraba que no la abandonaría nunca. Algunos meses más tarde nos reunimos con ella y nos dijo que lo veía mucho en sueños. Recibimos el siguiente mensaje:

Amada Emma, no te rebeles contra lo que tú misma elegiste antes de encarnar: el desapego afectivo. Tu vida es el medio para aprenderlo. Aunque doloroso, es el estímulo que necesitabas para desprenderte de los afectos humanos que te han hecho volver una y otra vez al mundo tridimensional. Si logras superar esta prueba, se terminará ese problema. Se te dice que Felipe ya está en la luz y que las visitas que te hace durante el sueño, en el plano donde se encuentran los encarnados tienen por objeto hacértelo comprender. Él te ama de igual manera, y aún más, pero espera que superes esta prueba y reencontrarte aquí de nuevo con un amor ya no posesivo sino universal.

NO PUEDO ABANDONAR MIS AMADOS OBJETOS

Todo empezó cuando era muy pequeña; su abuela le regaló un hermoso terno antiguo de porcelana. La idea era que lo utilizara, pero la advertencia materna, "es muy fino y muy frágil, cuídalo", la hizo atesorarlo. La taza con sus diminutas flores azules en el borde, el asa tan esbelta, la calidad translúcida del plato la fascinaban. No era usual tanto cuidado en una niña, y pronto las tías se unieron al coro familiar: Adela es una niña muy madura, de gustos refinados. Otro terno, un pequeño florero para su recámara, ya adolescente el juego de té, para cuando te cases, para tu colección. Nunca se preguntó si la afición era real o sólo una pose asumida. Cuando se casó ya sus piezas llenaban varios estantes, y su marido, orgulloso, continuó la tradición. Adela, que al principio disfrutaba el tacto terso, los diseños y las combinaciones, se volvió obsesiva. Jarrones, platos, piezas únicas fueron adornando los estantes; como otros coleccionan joyas o timbres postales, ella recorría galerías de antigüedades y tiendas especializadas para descubrir un objeto más, cada vez más exclusivo, más caro. El placer estético se fue transformando en el de la posesión; la colección crecía, y con ella la angustia de Adela. Las joyas se aseguran, los timbres se protegen en libros adecuados; la porcelana debe parte de su encanto a su fragilidad, su condición vulnerable en manos poco cuidadosas. Nadie podía abrir las puertas de cristales biselados de las vitrinas para tocar el precioso contenido.

Juan Carlos creció en un museo improvisado; las primeras advertencias fueron no lo toques, se rompe, el primer regaño monumental sucedió cuando, al entrar corriendo a la sala, se tropezó con la mesa del té y causó una catástrofe: la azucarera panzona, llena hasta el borde de cuadraditos multicolores, rodó entre las tazas y se estrelló esparciendo su contenido sobre los zapatos de las invitadas. El regaño fue terrible, pero lo fue más el grito de su madre y las lágrimas que no pudo evitar. Él lloró también grandes sollozos de incomprensión por la magnitud del crimen, y fue debidamente consolado y severamente advertido: debes de tener cuidado, no corras en la casa, no te acerques, no toques, no seas brusco.

Tal vez por esas misteriosas reacciones del subconsciente, Juan Carlos se casó con una mujer opuesta a su madre; Yolanda era práctica, interesada en hacer y no en tener, y Juan Carlos se sintió al fin libre en una casa donde los objetos eran para usarse sin remordimientos. Cuando Adela murió, no pudo evitar heredarle la colección a su único hijo. Yolanda, aterrada de la cristalina avalancha que se le venía encima, sugirió venderla, donarla, en fin, cualquier medio razonable para liberarse del incómodo regalo. Para su sorpresa, Juan Carlos, al que toda la vida había oído burlarse de las obsesiones maternas, se opuso, por afecto filial, por sentido de culpa, por lo que fuera, y las cajas inundaron el piso de su casa a esperar los anaqueles especialmente adaptados para acomodar su contenido. Odió el aspecto de las paredes, antes tan elegantes en su moderna simplicidad, y ahora escaparate de un barroquismo anticuado para su gusto. Prefería pasar de largo sin mirarlas, y un sentimiento de incomodidad la acosaba cada vez que, sin querer, sus ojos se tropezaban con los objetos en su cárcel de madera y vidrio. Pronto la incomodidad empezó a extenderse a otros miembros de la familia: las sirvientas ponían mil pretextos y dejaban que se acumulara el polvo sobre los muebles; su hija, que desde pequeña había hecho de la mesa del comedor su escritorio personal, venía a buscarla con ojos de azoro y lamentos incomprensibles. Mamá, mi abuela no me deja hacer la tarea. Ella lo atribuyó al impacto de la muerte sobre la imaginación infantil, pero la niña insistía: la siento detrás de mí, mamá, me mira, puedo oler su perfume. Yolanda, tan pragmática, nos buscó a través de una amiga.

El día de nuestra visita amaneció oscuro y lluvioso; el viento azotaba los árboles del jardín. Llegamos temprano, y pasamos a la sala para esperar a Yolanda. Nos sorprendió que la temperatura no mejorara en el interior de la casa, y nos dimos cuenta que las ventanas, todas abiertas, dejaban pasar el frío del exterior. En ese momento llegó Yolanda y le pedimos cerrar, nos congelábamos. Perdónenme, nos dijo, esta casa parece un refrigerador, pero Dora, la cocinera, se empeña en abrir todo, dice que así se van los espíritus de la noche. Nos explicó lo que le sucedía y comprendimos que había una presencia en esa casa.

Carmen empezó a recibir estos mensajes:

Me dicen que ya no debo estar aquí. ¿A dónde debo ir, si mis amados objetos, que con tanto trabajo reuní, están aquí? El estar en un lugar donde no hay nada más que oscuridad y desde donde sólo puedo ver lo que dejé me desespera. Se dice mientras se está en el mundo que después de la muerte existe el cielo o el infierno, pero eso no es cierto, sólo está la nada, esta oscuridad donde no encuentro a nadie más que la nostalgia de lo que dejé. Si quiero puedo ver ese mundo pero no manifestarme en él; nadie me ve ni me escucha. Ahora entiendo que el lugar de la muerte es negrura y soledad.

Como es ya habitual en estos casos, le explicamos que debía ir hacia la luz donde le esperaba una vida maravillosa, que lo que la tenía atada a la oscuridad era el apego a sus objetos que ahora de nada le servían. Siempre tenemos libre albedrío y no se nos fuerza a nada que no queramos. Si nuestro deseo es seguir pensando en lo que acabamos de dejar, eso mismo nos impide ver la luz que emana de Dios, que es amor y misericordia. Lo único que cuenta en la vida es actuar con amor.

¿Cómo no oí nada de esto durante mi vida? No entiendo cómo ustedes saben lo que nadie sabe y por qué, si esto es cierto , no se enseña en las religiones. Obrar en sentido de amor no es fácil cuando toda la vida está basada en egoísmo, cada uno ve para su propio beneficio y si no actúas así te comen. Ahora me dicen que el amor es la base ¿cómo puedo cambiar de un momento a otro?... El ver nuestra miseria no es agradable y estoy comenzando a darme cuenta de todas mis actitudes de falta de amor. ¿Cómo quieren que ahora se me dé sin mayor esfuerzo?

Continuamos hablándole y enviándole energía amorosa, con lo cual, al cabo del tiempo fue acercándose a la luz que la atraía; finalmente se desprendió diciéndonos:

No entendía que el cielo estaba tan cerca pero ahora ya lo sé y lo experimento. La muerte no existe, es ir a otra vida que depende de la propia voluntad. Nuestro apego a lo que dejamos nos atora en un espacio negro y cuando nos abrimos a la luz ésta se hace. Es maravilloso, es amor, es paz.

Cuando un alma está apegada a un determinado lugar, sólo hay que hablarle con mucho amor, convencerlo de que le espera la misericordia infinita del Creador y una vida maravillosa y al mismo tiempo rezar para que esa energía le ayude a despegarse.

Algún tiempo después Yolanda, agradecida, nos hizo saber que la calma había retornado a su hogar.

El terrateniente

Paty había buscado la casa de sus sueños durante mucho tiempo; cada vez que estaba a punto de decidirse entraba en conflicto, es grande o demasiado pequeña, no tiene suficiente luz, quiero un jardín para mis hijos, el estudio de mi marido; en fin, nada la satisfacía. Un día el agente de ventas la llevó a un club de golf en una colonia suburbana relativamente nueva. No hacía mucho las vacas pastaban donde ahora las extensiones de pasto rodeadas de árboles creaban un paisaje ideal para las casas sembradas alrededor de un pequeño lago artificial. Paty se emocionó; esto era lo que quería, este verdor y la paz del campo con las ventajas de la ciudad. Llevó a Daniel, su marido; él dudó un poco, la casa parecía abandonada y requería varios arreglos. Paty no tardó en convencerlo: yo me encargo de todo, verás. Trabajó mucho llevando ella misma parte del material y vigilando a los operarios. Uno de ellos, habitante de la localidad, le dijo: "se cambia usted a la casa donde espantan, seño". Paty no le dio importancia al comentario. Se instalaron al poco tiempo y su marido la hizo sentir orgullosa de su logro; había requerido tiempo y esfuerzo, pero por fin la familia tenía la casa deseada.

El gozo fue efímero; ninguna casa ideal podía compensar los problemas que se presentaron. El negocio de Daniel, hasta entonces próspero, decayó inesperadamente. Él, tan emprendedor, se vio envuelto en un torbellino; los pedidos se suspendían, una auditoría puso al descubierto malos manejos de su administrador. A pesar de las horas sin fin que dedicó a salvar la empresa, tuvo que declararse en quiebra. Deprimido, de humor sombrío, descuidó a su familia. Paty, preocupada, pasaba las noches en vela. Sentía desmoronarse su relación de pareja, la irritabilidad de su marido causaba conflictos constantes entre ellos. Pronto se preocupó también por su propia estabilidad emocional; en sus insomnios oía gritos, una voz de hombre que clamaba en forma desgarradora. Se levantaba a buscar de dónde provenían aquellos gritos sin ningún éxito. Preguntó discretamente, pero nadie más en la casa había oído nada. Empezó a descubrir un patrón aterrador, los gritos parecían anunciar un conflicto o una desgracia. Un día chocó su hijo mayor, un accidente que implicó gastos exorbitantes dadas las circunstancias; después enfermó su hija, un virus recurrente que la obligó a perder el año escolar. En otras ocasiones recibía noticias desagradables de la familia, o se daba un conflicto mayor en su relación con Daniel.

Desesperada, buscó a Carmen a través de una amiga común, y le expuso su situación; no entendía porqué nadie más que ella oía esos gritos. Carmen le explicó la razón de esto; seguramente ella tenía facultades psíquicas que le permitían la percepción de otros planos. Acudimos a su casa e iniciamos el rito acostumbrado: flores, velas, incienso. Cuando tratamos de usar la grabadora para los cantos gregorianos, estaba descompuesta. Paty buscó la suya, luego la de sus hijos; no logramos que ninguna funcionara. Pronto le llegó a Carmen el primer mensaje:

-*Esta es mi casa y me la quitaron los chingados agraristas que se apoderaron de mis tierras. Aquí estoy desde que perdí mi cuerpo; veo pasar intrusos que fincan en donde era mi propiedad. No lo soporto y por eso grito de desesperación al no saber qué hacer. Todo está muy oscuro y no sé a dónde ir. Sólo me acompañan otros que están en las mismas que yo.*

Le enviamos pensamientos de amor y lo exhortamos a que buscara la luz.

-*Cuál luz, si aquí no hay ninguna. Veo sus velas y las veo a ustedes rodeadas de luz. ¿Qué significa esto? ¿Quiénes son ustedes que me traen una cierta paz?*

Le explicamos el sentido de nuestra presencia y la ayuda que podíamos proporcionarle.

-*Me siento muy bien cuando me hablan; también, cuando la que vive aquí reza, siento calma y se me quita el deseo de hacerle daño.*

Le hablamos de la vida que le esperaba, y la forma en que debería buscarla.

-*Nunca me hablaron de estas cosas. Todo lo que supe fue pelear por la tierra, pero cuando te quitan el cuerpo eso no sirve de nada. Me dices que pida luz a Dios, pero yo nunca creí en Él, ni ahora tampoco creo.*

Insistimos en nuestras oraciones, en hablarle de Dios y enviarle luz rosada.

-*El nombre de Dios es brillante. No sé por qué cuando lo nombran se ve como un resplandor y eso me hace creer que tienen algo de razón. Tal vez no merezco eso que dicen que me espera. En mi vida fui muy canijo, sólo di maldad a mi alrededor. Maté a más de uno y creo que son ellos los que me rodean en este hoyo negro donde no siento más que odio y rencor.*

En esos momentos llegó un mensaje de nuestros guías que decía así:

El verdadero amor es aquel que no juzga que se entrega a la confianza en Dios, que se perdona y perdona a los demás. Nuestra esencia es como la de nuestro Creador, es amor, misericordia, armonía, felicidad y nuestro trabajo es descubrir esa esencia que mora en cada uno de nosotros.

Tardamos varias sesiones en convencerlo, pero su mensaje final fue el siguiente:

Me voy; a la que vive aquí le pido perdón por todo el daño que le hice. Ahora, sin mí, su casa se llenará de la luz que ustedes han traído.

Y así fue, Paty nos lo confirmó más tarde.

En todos estos trabajos de ayuda a los que se encuentran apegados al plano físico hemos recibido un gran apoyo y dirección de nuestros guías. Como ejemplo podemos citar la siguiente comunicación:

¿Cómo después de haber actuado en una vida en forma tan negativa el alma de pronto se va a la luz?

Se necesita entender que la luz es nuestro hábitat natural, de ella salimos y a ella hemos de volver. Si durante nuestra experiencia del mundo físico nos envolvemos en oscuridad, ésta es transitoria y pertenece al mundo ilusorio del plano físico. Al regresar al mundo espiritual, si nuestro deseo es ver la luz, nos envolverá y nuestra consciencia se abrirá a ella en la medida de nuestra evolución espiritual.

No se necesita ser "bueno" para estar en el Creador, ya que aunque se actúe en contra de la armonía universal, su voluntad está detrás de esa actuación. Finalmente regresará el ser a su origen puesto que su plan es de tal manera sabio que está diseñado para volver al redil al más descarriado. Cada uno que se sale del camino del amor vuelve a él por los efectos que ese descarrío le atrae, los cuales son de tal manera concebidos que se acaba siempre por entender que el amor es el único camino en el que se encuentra la felicidad.

En estos tiempos hay cada día mayor comunicación con el plano astral y se necesita de los encarnados para empujar a los que se encuentran en el Bajo Astral. Al estar ahí estacionados desde hace mucho tiempo, cada vez es más difícil alcanzarlos desde aquí, no nos escuchan, en cambio entran en contacto con ustedes con gran facilidad. No será fácil, ya que son seres que llevan siglos en ese estado, pero con amor, oración y paciencia lo lograrán.

CAPÍTULO IV

VIDA Y TRABAJO
EN EL MUNDO ESPIRITUAL

La mente es su propio lugar, y por sí misma
Puede hacer un cielo o un infierno,
O un infierno en el cielo.
John Milton

La muerte no existe, somos eternos como la Fuente de Vida que nos dio origen. Nuestro verdadero hogar se encuentra en el mundo espiritual; de allí venimos para tomar experiencias en el plano físico y después regresar a casa. Al llegar allá nos encontramos con situaciones inesperadas y con quienes vivimos en cada experiencia, pues con ellos las hemos planeado.

En el mundo espiritual, en donde está la verdadera vida, existen varios planos en los que se encuentran las almas según su frecuencia vibratoria. Allí se avanza también, pues de lo que se trata la vida es de evolucionar hacia nuestro origen. Venimos a esta dimensión a experimentar la oscuridad, lo que no somos en realidad y cada experiencia en el mundo físico servirá para aprender algo que nos acerque al descubrimiento de nuestro verdadero ser.

Como veremos a continuación, en los mensajes de almas que se encuentran ya allí, el trabajo que se efectúa allí es muy variado y productivo, además de que es claro que estamos en un proceso de evolución en el que los más avanzados ayudan a los que vienen detrás. Algunos nos cuentan paso a paso su experiencia.

...Al voltear hacia la luz me di cuenta de que efectivamente no había ningún castigo esperándome, sólo el amor infinito de Dios que nos cubre y nos llena de felicidad. Vi salir de esa luz a mi madre, a mi padre y a otros seres queridos, todos con un semblante amoroso como nunca se los había conocido en la Tierra. Eso me llenó de alegría y fui hacia ellos. Me recibieron con mucho amor y me explicaron lo que me esperaba. Lo primero fue el auto juicio en el que vi pasar mi vida con todo detalle y en el que te llenas de remordimientos pues sientes además en carne propia todo el daño que hiciste a los demás. Ves con tristeza lo que desperdiciaste en la vida que acaba de terminar y todo eso te sirve como una gran lección. Acto seguido entras en un periodo de descanso en el que se recupera la armonía de tu cuerpo astral. Cuando este proceso termina vas al primer plano del mundo espiritual en donde puedes crear a tu antojo todo lo que hubieras deseado tener en vida.. De allí los conceptos de Nirvana en las religiones orientales en las que se encuentran con cien vírgenes nada más para ellos. Yo me di a ser mujer en Paris, con dinero alhajas y yendo a los teatros y fiestas. Eso es lo que me hubiera gustado ser y lo repetí ya que en otra experiencia eso había sido.

Cuando me cansé de esa fantasía me dirigieron hacia el segundo plano en el que abrí mi conciencia a muchas verdades olvidadas pues ya las tenía de experiencias pasadas pero me dejé llevar por el materialismo, el ego y la pereza cuando bajé a mi última encarnación. Me negué a regresar a la Tierra pues temía pasar por otra experiencia parecida y me decidí a seguir mi evolución aquí. Trabajé incansablemente recibiendo a los recién llegados y dando amor a mi alrededor. Me encontré con seres de luz que me ayudaron a seguir subiendo y después de mucho esfuerzo subí al tercer plano en donde me encuentro ahora.

Los diferentes mensajes se parecen en su contenido pero cada uno de los sujetos habla de su experiencia y de sus impresiones personales.

A continuación otro ejemplo:

Cuando entré en el mundo espiritual me sorprendí mucho de encontrar cosas que no esperaba, objetos preciosos hechos de materiales que no se conocen en el mundo físico, edificios maravillosos y en cuanto a las flores no se pueden encontrar en el mundo nada que se les parezca desde el punto de vista, brillo y color.

No me rebelé ante mi ignorancia, como a algunos les pasa, sino que admiré y agradecí a Dios por tanta belleza. Me estacioné allí por algún tiempo, fabriqué una casa que hubiera sido mi ideal cuando viví allá y estuve muy feliz en ella, invitando a amigos a compartir mi felicidad. Aquí te vuelves a encontrar con quienes conocimos en la vida terrestre, desde luego nos reconocemos por frecuencia vibratoria, no te lo puedo explicar bien, pero sabes quién es cuando te encuentras con una entidad. ¿Qué forma tienen? Me preguntas. Adoptan la apariencia que les acomoda ya sea de su última vida o de alguna otra o simplemente otra forma que aparente el cuerpo humano, pero se reconocen por su vibración.

Cuando al fin me quité la culpa que me tenía atrapado, sentí una libertad que no te imaginas lo que se experimenta. Se abrió esa luz maravillosa e inefable que me atrajo y me llevó hasta el primer plano. En el umbral me esperaban mis familiares. Su amor se percibía de una manera desconocida hasta entonces; se preocuparon en instruirme sobre lo que iba a encontrar y me acompañaron algún tiempo hasta que me acostumbré al nuevo sitio.

Después de un lapso en que gocé del lugar necesité de algo más y entonces regresaron para indicarme el camino de la nueva etapa. Ese camino no es otra cosa que la aceptación de nuestras fallas, aceptar que no somos perfectos y deseo de adelantar en la escala evolutiva. Cuando estás listo pasas a un segundo plano donde hay una especie de escuelas en donde se imparte enseñanza cósmica muy interesante al mismo tiempo que se revisan los archivos akáshicos, lo que nos sirve para preparar nuestra siguiente experiencia. Este segundo plano es maravilloso, nuestro entendimiento se va abriendo cada vez más y la felicidad no tiene límites. Desde aquí tratamos de ayudar a los que se encuentran todavía encarnados y créeme que se puede. Aunque los que fueron mis familiares son almas, como muchas otras, han vivido diferentes roles conmigo en otras oportunidades, siempre se sigue teniendo responsabilidad por su adelanto espiritual.

Nuestro amor se sublimiza desde aquí y los sentimientos negativos desaparecen pero no están completamente erradicados, por eso hay que vivir otras experiencias que nos limpien de negatividad. La mayoría de la humanidad actual regresa al mundo físico desde el segundo plano. Cuando acabamos la experiencia de éste segundo plano, advirtiéndote que en cada plano hay muchas capas vibratorias, seguimos nuestra ascensión al siguiente plano. Esto se hace con una preparación de gran concentración espiritual y tratando de erradicar lo que nos queda de ego.

Cuando se llega a ese tercer plano se escoge: ya sea volver a encarnar o seguir la evolución en el mundo espiritual. Yo estoy tratando de elevarme al tercero pero no es fácil, reza por mí porque eso ayuda.

Es interesante entender que nuestras oraciones siempre les sirven a las almas en donde quiera que se encuentren. Es una energía que eleva y les ayuda a avanzar hacia su destino final. Por otra parte, nos dicen que la forma en la que se presentan las almas en el "más allá" corresponde a su pensamiento. El cuerpo astral, acompañado de todos los demás, que se retira del físico en el momento de la muerte, es el molde energético del cuerpo físico que acaba de dejar. Está constituido por ondas mentales y por lo tanto su forma obedece a los pensamientos de la persona. Nuestra mente crea nuestra apariencia y después de la muerte física nuestra creación es todavía más efectiva. Si al morir nuestra mente sigue apegada a la apariencia que dejamos, nos presentaremos así, pero si preferimos aparecer en el momento de nuestra plenitud, esa será la apariencia que adoptaremos. De ahí que cuando se percibe la presencia de una persona muerta la veamos como ella piensa en su apariencia.

Incluimos información de un alma que se encuentra ya en el tercer plano:

En este maravilloso mundo también se avanza y es lo que tratamos de hacer cuando el mundo tridimensional ya no nos atrae. Se abre todo un abanico de posibilidades cuando ascendemos a estos planos superiores: puedes, si así lo deseas, volver al mundo tridimensional para ayudar a los rezagados, necesitas mucho amor y valentía para hacerlo; también puedes ayudar a sacar del "infierno" a quienes están envueltos en soberbia; éste trabajo es también difícil pues se encuentran en una frecuencia vibratoria muy baja y su densidad no es fácil de soportar. Acercarse a esos seres es muy desagradable al estar éstos llenos de energía negativa que se puede considerar involutiva. Otra opción es vivir en esta beatitud por algún tiempo y enviar mensajes a los encarnados. Se da mucha ayuda desde aquí a los que están en dificultades.

Las distintas realidades corresponden a planos de diferentes frecuencias vibratorias. El primer plano del Astral es todavía muy cercano a la dimensión terrestre y por ende su realidad es parecida, aunque magnificada. Así como en el mundo físico creamos nuestras circunstancias, allá nuestro poder creativo se acentúa y somos capaces de crear con la mente lo que deseamos. En el siguiente texto nos lo describen así:

En el primer plano del mundo espiritual es sumamente parecido a la tierra sólo que mucho más bonito. El mar tiene un color precioso y las flores y árboles emanan una luz que no se conoce en el mundo físico. Hay construcciones de todo tipo porque los que llegan construyen lo que anhelaban vivir en su vida terrena, ya que aquí se crea con la mente. Esas creaciones duran lo que sus creadores las sostienen en su mente; una vez que su fantasía se extingue, sus creaciones desaparecen. Las almas que están en ese primer plano se encuentran y comparten sus experiencias, pero poco a poco se va desvaneciendo a lo que fue su vida en la materia. Es entonces cuando buscan continuar su ascensión y los que ya pasamos por allí los ayudamos a elevarse y entender mejor las verdades universales.

Hay quienes se resisten a creer en nuevos conceptos que no creían durante su última vida. Un ejemplo fue Edgar mi hermano: le costó mucho trabajo dar marcha atrás en todo lo que fue su vida y sobre todo aceptar que se había equivocado a pesar de su inteligencia. A mí eso no me costó ningún trabajo pues nunca fui fanático de la religión ni creía a pies juntillas lo que decía. La seguía y respetaba como parte de la tradición pero había muchas cosas que no me cuadraban enteramente, solo que por comodidad no busqué otras respuestas.

A mí lo que me costó trabajo fue dejar la vida de facilidad y poder que tuve. Me aferré mucho a ella y me costó desprenderme de la vibración terrestre. Una vez aquí me maravillé con todo lo que vi y me fue fácil salir de este primer plano de fantasía. Es después cuando comienza la verdadera vida en el mundo espiritual.

En este segundo plano se estudia la ley universal, las verdades cósmicas, lo que significa la creación y se practica el amor incondicional. Aquí es mucho más fácil practicarlo pues no hay todo el ambiente adverso de la tierra pero todavía no se ha erradicado por completo el ego, por lo que nos dicen que volviendo a la tierra se erradica definitivamente. También se avanza aquí pero es más lento; hay quien continúa su evolución sin regresar a encarnar pero es muy difícil sin los obstáculos del mundo físico. Es por eso que es tan importante encarnar.

Te voy a hablar sobre el aborto. En efecto no se trata de un asesinato porque el alma no está continuamente en el feto, entra y sale preparando su casa. Sin embargo lo que se hace en un aborto es impedir a un alma encarnar cuando lo necesita y ésta necesidad es muchas veces apremiante. Es por eso que las religiones pregonan que se deben tener muchos hijos pero esto, también, es exagerado. Nuestro sentir es que hay que tener los hijos que se puedan mantener y educar. El tener más de lo que se puede atender no es recomendable pues llegarán a un ambiente no armónico. Actualmente se está procurando inspirar a los dirigentes de las religiones que se dé instrucción en el sentido de la paternidad responsable.

Cuando se vive muy aferrado a las propias creencias y por soberbia no se sueltan, aún en el primer plano hay quienes no pueden avanzar, como es el caso de Edgar que no podía seguir su ascensión por estar enfrascado en sus antiguas creencias:

Me encuentro en un momento difícil ya que aunque en éste mundo maravilloso mi deseo es seguir en él sin hacer ningún esfuerzo por otro lado hay una fuerza que te impele a seguir subiendo. Eso se logra buscando la verdad en lugar de quedarse atado a la manera de pensar que se tenía en la tierra. Estoy tan feliz aquí que no veo para qué buscar más, pero me aconsejan que siga mi evolución, así la llaman.

¿Debo creer, como me dicen, que es cierto que somos parte de Dios y de que debemos descubrir nuestra divinidad?

No sé qué hacer, creo que todavía no me deshago de mi orgullo y no quiero dar marcha atrás en lo que creía, aunque ya me doy cuenta de que aquí no es cómo lo esperaba. Voy a ser más humilde y voy a tratar de cambiar mi manera de pensar. Voy a buscar más instrucción y ayuda.

Días después Carmen habló con él de nuevo:

Por fin me convences de cosas que nunca antes soñé que existieran, sí convencido estoy de que aún en el mundo de la luz seguía con mi soberbia y no podía avanzar. Voy a emprender el viaje de aprendizaje de la verdad.

La culpa es uno de los principales motivos por los que un alma puede quedar atrapada. Nos encontramos ante un caso en que un suicida, ya estando en el primer plano, no acertaba a continuar su evolución por sentirse culpable de haber causado tanto dolor a su alrededor. Así le habló a su esposa a través de Carmen:

Necesito decirte, Patricia, lo mucho que te amo y lo que me arrepiento de haber sido como fui. Me desesperé de no poder salir de mis actitudes erróneas debidas a mi tontería o a mi enfermedad de no querer enfrentar la realidad. Fue muy doloroso para mí el que me quisieras dejar, aunque comprendía que tenías razón.

Perdóname por favor por haber sido cobarde y tonto. Me quité la vida en un momento de locura y cuando vi lo que había hecho me llené de dolor. Me rescataron de allí seres de luz y me trajeron a este lugar maravilloso que no creo merecer, pero me dicen que Dios acoge con amor a todos, por malos que sean.

Me dan la oportunidad de hablarte para pedirte que me perdones por el dolor que te infligí, pues es lo que me impide seguir adelante en este maravilloso camino. Espero ese perdón con ansias y tus oraciones para seguir adelante y prepararte un lugar, como el que no te supe dar en la Tierra.

Otra de las razones que puede impedir que un alma se eleve, es el que sus seres queridos los lloren en exceso y los sigan llamando mentalmente diciéndole la falta que les hace, lo que provoca un lazo energético que lo ata. A continuación presentamos dos casos en que se comunican con sus esposas.

Mi muy amada Carolina: No me he ido, estoy contigo siempre porque te veo infeliz pero creo que debemos alejarnos por un tiempo porque yo no puedo continuar mi ascensión a planos superiores y tú no puedes hacer tu vida convenientemente con la tristeza que arrastras desde que ya no me ves.

De lo que me he dado cuenta aquí, es que a cada uno nos toca vivir diferentes experiencias con el objeto de aprender ciertas virtudes y equilibrar antiguas desarmonías, lo que nos eleva cada vez más en la escala evolutiva.

La vida en el mundo físico es sólo una etapa en el largo camino de la vida y sólo estás allí por un corto tiempo porque después nos volveremos a encontrar en esta que es la verdadera vida. Ten paciencia, pequeña mía, vive intensamente lo que te propusiste antes de ir allá. El tiempo que se conoce en la Tierra pasa muy pronto y aquí te esperaré con todo mi amor que siempre ha sido y siempre será.

Y otro más:

Mi amor, necesito verte feliz porque tu dolor me detiene y no puedo seguir ascendiendo. Aquí he comprendido muchas cosas, entre otras que juntos decidimos antes de ir allí, que nos separaríamos pronto para crecer hacia lo espiritual.

Mi muerte fue rápida, lo cual es una bendición pues no se sufre, lo único que me dolió fue dejarlos y verte sufrir pero llegué pronto a este mundo maravilloso donde todo es amor y armonía.

Ahora me toca trabajar aquí pero me es difícil desprenderme de ti porque te veo sufrir. Créeme que te espera una vida llena de satisfacciones, ya que ese fue el pacto que hicimos, que este dolor te llevaría a volverte más fuerte y profundo en tu búsqueda de Dios.

Me han dado la oportunidad de comunicarme contigo para decirte que si sueltas esa energía que me tiene atrapado podré elevarme a planos superiores desde donde mi ayuda será más eficaz. Dios no nos manda penas, somos nosotros que las aceptamos como instrumentos para elevarnos y regresar a nuestro origen. Si supieras la maravilla que es esta vida, todas las penas y dificultades que se pasan allá tienen sentido y vale la pena sufrirlas. Ten fe y valor que todo se arreglará.

Cuando ya hemos experimentado todo lo que el plano físico ofrece y nos desapegamos de él, continuamos nuestro proceso evolutivo en los planos superiores.

Como hemos visto en los precedentes ejemplos y según lo que dicen, la vida que nos espera es maravillosa.

CAPÍTULO V

REENCARNACIÓN

Cultivar lo externo sin entender lo interno
inevitablemente crea aquellos valores que
llevan al hombre a la destrucción y al dolor.
Krishnamurti

Si contemplamos la creación, cómo cada partícula de energía se va combinando hasta formar las diferentes clases de materia, cómo las leyes que rigen el universo son de una profunda sabiduría, no podemos más que concluir que han sido concebidos por una inteligencia superior y que no pueden haber salido de una forma espontánea. Existe un orden universal que difícilmente se puede negar, que tiene que estar regido por algo que nos es todavía incomprensible pero desde luego muy superior a lo que podamos siquiera imaginar.

Hay otra cosa que es evidente para el más simple observador y es que todo evoluciona; hacia dónde, no sabemos pero desde el comienzo del universo físico se van formando diferentes clases de materia que dan lugar a los cuerpos celestes y en un proceso evolutivo se va dando la aparición de lo que llamamos vida, primero en forma vegetal, después animal hasta llegar al ser humano que ya posee una conciencia más evolucionada que está consciente de existir.

Así pues la evolución es incontestable sólo que no sabemos hacia dónde se dirige, cuál es el futuro de toda esta creación. Los diferentes místicos de la humanidad han dado cada uno su versión pero todos coinciden en que nos dirigimos hacia nuestro origen. Esto indica que aquellos que se han dedicado a buscar en el mundo espiritual encuentran las mismas repuestas, claro está, cada uno a su nivel de comprensión e interpretado según su propio criterio pero profundamente todos hablan de lo mismo en diferentes versiones.

Si hablamos de evolución nos encontramos ante el tema de la reencarnación, que unos aceptan y otros no y los que creen en ella cada uno da una diferente interpretación. ¿Cuál es la verdadera? Todas tienen parte de verdad, pero si como hemos dicho, no podemos entender en toda su magnitud los misterios de la creación, ese con mayor razón nos es inaccesible en todo su funcionamiento. No se puede entender con una consciencia de tercera dimensión un proceso que comprende las siete.

Conforme vayamos abriendo nuestra consciencia a los otros planos iremos comprendiendo mejor el proceso creativo y el porqué de los diferentes acontecimientos que se realizan a lo largo de la creación y evolución del universo.

Después de esta lección dictada por los maestros abordaremos el controvertido tema de la reencarnación. Esta doctrina expone que el hombre nace una y otra vez en la tierra hasta llegar a tomar consciencia de su divinidad. Dicha teoría es muy antigua pero hasta ahora se ha manejado de forma secreta, sólo los grandes iniciados de las diferentes religiones la conocían, ya que antiguamente la consciencia de la humanidad no estaba preparada para entenderla correctamente.

Aunque varias religiones de oriente enseñan la doctrina de la reencarnación, como son los hindúes y los budistas, las religiones occidentales generalmente la niegan. Sin embargo, esta teoría no es nueva en occidente: los antiguos habitantes del norte de Europa estaban convencidos de ella así como los druidas, para quienes la reencarnación era el punto básico de su religión. Para los griegos la palabra educación significaba originalmente extraer algo de lo que ya se sabe y Platón decía: *"El conocimiento fácilmente adquirido es aquel que se ha obtenido en una vida anterior, por eso fluye con facilidad"*.

La religión cristiana en sus principios la aceptaba y algunos padres de la Iglesia primitiva como Clemente de Alejandría, Orígenes, quien es considerado como uno de los más grandes y San Jerónimo, creían en ella. En el siglo IV el cristianismo fue institucionalizado como religión del estado y es entonces cuando nace la oposición a la idea del renacimiento. Fue en el concilio de Constantinopla en el año 553 DC. bajo el gobierno del emperador Justiniano, que esta teoría fue declarada por primera vez una herejía. El dictó sentencias formales contra la creencia "de la monstruosa repetición del nacimiento". Desde entonces se persiguió a los "herejes" (la palabra hereje por su raíz significa "capaz de elegir") que sostenían la creencia en la que se denomina "herejía de Orígenes". Esto probablemente se debió a que se pensaba que la doctrina de la reencarnación ofrecía al ser humano un lapso temporal y espacial demasiado vasto para impulsarlo a luchar por su salvación durante su vida inmediata, por lo que prefirieron decir que sólo se tiene una oportunidad que decidirá del futuro de toda una eternidad.

Probablemente también se debió a que en la nueva alianza de la Iglesia y el Estado les sería más fácil manipular bajo el miedo al castigo si no se seguían las normas establecidas.

Esto fue quizás necesario en su momento, cuando las conciencias en estado primitivo no hubieran hecho esfuerzos al saber que existían muchas oportunidades, sin embargo, actualmente la humanidad está ya preparada para recibir esas enseñanzas y aprovechar así el corto período de una vida terrena para aprender y superarse.

Sin embargo, a través de la historia ha habido grupos místicos que han conservado la creencia en la reencarnación como los cátaros, quienes fueron perseguidos cruelmente en el siglo XIII. Las sistemáticas persecuciones a quienes sostenían esta creencia lograron erradicar esta idea en Occidente. No obstante siempre ha quedado una luz encendida en diferentes grupos como los alquimistas, los gnósticos, los rosacruces, los teósofos, etc., quienes han sufrido un desprestigio considerable debido a esta idea.

No se necesita creer en la reencarnación para avanzar en la evolución de la consciencia, no obstante esto ayuda a explicar muchas cosas que en un momento dado nos pueden servir, como comprender el porqué de nuestras diferencias de destino, de estado de consciencia, de medio económico, de sufrimientos. Parecería que la vida se ensaña con algunos, dándole a otros todos las satisfacciones materiales necesarias.

Como todo en la vida tiene una razón de ser y nada surge al azar, esto se explica porque cada quien se encuentra en un nivel de consciencia diferente por un lado y por el otro, se trata de experiencias que difieren unas de otras porque han sido concebidas con un objetivo específico de aprender ciertas virtudes y también para desarrollar la creatividad que yace en el interior de cada uno.

Nuestra mente es creadora y crea los diferentes planos de consciencia incluyendo en el que nos encontramos ahora, así como cada momento de nuestra vida. ¿Cómo entonces creamos el dolor, el sufrimiento y el horror? Se necesitan experimentar esos sentimientos propios del plano físico para modelar nuestra alma. Para obtener un trabajo excelso de orfebrería hay que poner el metal al fuego para moldearlo y así poder incrustar las piedras preciosas. Así, nuestra alma necesita conocer el dolor, el sufrimiento, el vicio y la virtud para ser completa en su comprensión de lo que es la experiencia del plano físico, el cual cada uno de los que estamos y hemos estado en él hemos decidido experimentar.

Nuestro problema es que nos involucramos de tal forma en nuestra propia creación que se nos olvida que sólo se trata de una ilusión a la cual nos apegamos y recreamos una y otra vez. Como todo está conectado con una sabiduría infinita, ese mismo apego hace que al volver a expresarnos en este plano y como consecuencia de la ley causa-efecto conocida con el nombre de Karma, volvamos cada vez de forma nueva creando las circunstancias necesarias para que esta energía que somos se exprese con la suficiente claridad y ya no necesite regresar a esta escuela. Aceptar el Karma es comprender que no existe la injusticia, que la desigualdad y la desgracia son estados del ser humano en su proceso de aprendizaje.

Cada vida en el plano físico es como un ciclo escolar que ha sido diseñado por nuestro Yo superior para superarnos y curar las distorsiones que hemos provocado con nuestro actuar egocéntrico en el curso de nuestro proceso evolutivo. Antes de comenzar una nueva encarnación se eligen las condiciones necesarias para aprender lo que nos proponemos en nuestra próxima estancia en la Tierra.

Es importante mencionar que el Karma no es castigo, como se suele creer, sino una oportunidad para repetir las lecciones necesarias hasta aprender lo que necesitamos. En esta escuela finalmente todos pasan el examen, no existe el reprobar, sólo la necesidad de revisar las lecciones la cantidad de veces que sea necesario hasta que sean asimiladas. Podemos tomar cuantas clases queramos y cuando hayamos comprendido, el universo pondrá a prueba nuestro entendimiento. A veces estas pruebas parecen duras pero se trata del examen final de la materia que al fin acabaremos pasando.

En cada encarnación aceptamos olvidar momentáneamente nuestro verdadero origen para entrar en la ilusión de la materia. Es como si se cerrara una cortina que nos separa del mundo espiritual. Este olvido es necesario para practicar la fe, la cual no podríamos aprender si todo estuviera claro para nosotros. En ocasiones la cortina se hace más delgada y nos permite percibir con más claridad. Estos vislumbres de luz nos sirven para confirmar nuestra fe que no debe ser una fe ciega sino nacida de un entendimiento profundo que viene de nuestra propia sabiduría interna.

En el mundo vemos seres en muy diferentes niveles de evolución. Esto no quiere decir que unos sean mejores que otros ya que todos tenemos la misma cantidad de luz; la diferencia está en qué tanto cada uno ha purificado sus cuerpos a través de la desidentificación con el ego. Todos estamos en diferentes lecciones: algunos aprenden sobre el desapego o la generosidad, otros sólo se preocupan de las cosas materiales y piensan en el éxito y el reconocimiento, mientras que los más evolucionados están en el aprendizaje del no juicio y de la aceptación de todo lo que sucede en la experiencia humana.

Se necesita experimentar todo, tanto lo agradable como lo desagradable ya que esto último es lo que nos templa, lo que nos fortalece, siendo el placer sólo un aliciente que nos permite continuar la lucha y la superación.

Cómo podemos entender que todos somos iguales cuando al mismo tiempo que unos actúan en amor y armonía otros escogen actuar en contra de ellos mismos y de los demás, dañando así aún al mismo planeta. Esto lo podemos manejar en términos de "luz" y "ausencia de luz". Los que actúan en forma negativa es porque están conectados a un cuerpo emocional y mental llenos de sombra, es decir, donde reina el ego. Sin embargo el ser interno de estas personas no es malo, es luz pura la cual aprenderán a manifestar a través de muchas lecciones. No debemos juzgar a estos seres sino comprender que sus actos son nacidos del miedo y de una profunda ignorancia.

Todas las acciones de los seres humanos están interrelacionadas y aún las más inarmónicas sirven a quienes sufren de ellas para desapegarse de este plano, practicar la compasión y el no juicio. Si no existieran estas personas que se cruzan en nuestro camino, ¿cómo entonces podríamos practicar la aceptación y la caridad?

Todo es enseñanza y siempre estamos exactamente donde tenemos que estar para aprender lo que vinimos a aprender. Mientras más atentos estemos a lo que nos dice la vida con las situaciones que se nos presentan, así como al ir y venir de nuestros pensamientos y emociones, dejando de juzgar todo lo que acontece, mejor entenderemos el verdadero sentido de nuestra existencia aquí.

Confiemos en esta experiencia de vida que se nos ofrece, trabajemos con amor, valentía y fe. Practiquemos la compasión hacia nosotros mismos y hacia los demás y sepamos que somos amados más allá de nuestra comprensión. Nunca estamos solos, cada segundo de nuestras vidas contamos con el apoyo de nuestros ángeles, maestros y guías.

Se necesita comprender que estamos en un proceso de evolución que nos llevará de regreso a nuestro origen, el cómo se haga no tiene importancia, lo importante es el método a seguir que sólo se reduce a una palabra, AMOR.

En cada una de nuestras manifestaciones en este plano seguimos la ley del karma. Una vez que las diversas lecciones han sido suficientemente comprendidas y se haya agotado el interés por las diferentes ilusiones del plano tridimensional, el ser está listo para pasar a la siguiente etapa en su camino de evolución.

Cada vez que rompemos la armonía universal, que es amor, con nuestro actuar egocéntrico, es necesario algo que nos haga comprender que esa actitud es errónea. Es lo que se entiende por Karma o ley causa-efecto. Entonces se nos da la oportunidad de tener una determinada experiencia que nos enseñe la forma correcta de actuar. Cuando se actúa de forma distorsionada, esto repercute en un efecto desarmónico el cual también nos enseñará, al sufrir de esa inarmonía, que no era la acción correcta. No se tiene que entender esto como un acto punitivo del universo sino como el simple efecto de nuestras causas que necesitan ser corregidas para restablecer el equilibrio perdido.

A continuación transmitimos el mensaje de un alma que nos habla del más allá:

La vida en el mundo espiritual es la verdadera vida y no se comprende esto mientras se está inmerso en la materia física.

El cielo que pintan las religiones no tiene nada que ver con la realidad. Nuestro bienestar y gozo es infinito, abunda la armonía y el trabajo gratificante, no existen ni el dolor ni la desilusión. ¿Cómo entonces podemos dejar eso para volver a encarnar en la tierra?

Nuestra existencia es maravillosa pero siempre está presente la atracción de la Fuente que nos dio la vida y la individualidad. Es por esta atracción que nos vemos impelidos a avanzar y sabemos que no hay mejor escuela que la vida en el plano físico, ya que tenemos que comprender su funcionamiento de forma completa. Es decir, que se tiene que pasar por todas las experiencias para merecer el siguiente plano, ya que ha sido nuestra voluntad expresarnos en el plano de la materia física y lo tenemos que agotar hasta ya no desear conocer nada de él porque ya hemos experimentado todo lo que ofrece. Nos cuesta trabajo, mientras estamos allá, comprender cómo se puede desear ir a sufrir y pasar toda clase de privaciones, pero tienen que entender que el enfoque en esta dimensión es completamente distinto. El sufrimiento y las privaciones ayudan a desapegarse del atractivo del plano terrenal, el cual, mientras se sigue vibrando en esa tesitura nos atrae irremisiblemente volver a él. Es por esto que se escoge sufrir, ya que esto eleva la vibración y nos ayuda a desapegarnos del plano en el que nos vemos atrapados si nos dejamos llevar por sus placeres ilusorios y sus espejismos.

Ahora bien, hay momentos en que ya no nos sentimos atraídos hacia esos falsos placeres por haber comprendido su futileza pero necesitamos aprender a perdonar, a desarrollar la paciencia y la humildad. Mientras estamos aquí donde todo es armonía no nos damos cuenta de que todavía no hemos aprendido a amar profundamente, de que no sabemos ser generosos, de que no hemos todavía alcanzado la verdadera humildad y de que no dominamos la paciencia. Todas las virtudes se tienen que desarrollar de forma total y dado que aquí se vive en una especie de nube de bienestar, donde no hay necesidades físicas, no tenemos la oportunidad tampoco de ejercitar todas esas virtudes. Es allá donde de verdad se aprende, ya que el ambiente es tan adverso que cuando se logra ese aprendizaje, este es verdaderamente profundo y es la única manera de poner a prueba nuestro nivel de evolución.

Que quede claro que aquí también se puede avanzar en nuestra evolución pero hay ciertas experiencias que sólo ofrece el mundo físico que nos enseñan las virtudes de forma rápida y profunda.

El sufrimiento, aunque no se le acepte, acelera las vibraciones y ayuda a desapegarse del mundo físico. ¿Porque eleva la frecuencia vibratoria? El sufrimiento es provocado por algo ajeno a nuestro deseo de bienestar, que es lo que nos apega a esa dimensión. El sufrimiento, ya sea físico o moral, nos eleva de la vibración terrena puesto que se opone a ella.

Es cierto que es parte de la vida física pero es precisamente la consecuencia de las desarmonías provocadas en esa dimensión, efectos que tienden a restablecer el equilibrio y que por lo tanto son de más alta vibración. Para contrarrestar un movimiento en sentido desarmónico se necesita de una energía que restablezca el equilibrio y que vaya en el sentido opuesto, es decir que ese movimiento, en este caso el dolor, lleva una carga positiva o de armonía.

La inexistencia del espacio-tiempo y el yo total

El proceso de reencarnación es, desde el punto de vista del mundo tridimensional, aquel en el que existe el tiempo como secuencia de acontecimientos pero en las dimensiones superiores este concepto varía y la eternidad es un continuo presente, es decir, todo es simultáneo.

La reencarnación existe en términos del mundo físico y no existe en términos del no tiempo. La entidad se manifiesta simultáneamente a través de sus diferentes personalidades en los diversos momentos históricos. Esto es difícil de captar para los que están inmersos en el tiempo así que se hablará de reencarnación como las diferentes experiencias del Yo total que le ayudarán todas ellas a experimentar la aventura del mundo físico.

El espacio y el tiempo son una ilusión de la tercera dimensión. El espacio-tiempo que controla la tercera dimensión fue implementado para que la experiencia del mundo dual y la evolución tuviera lugar. Ni el espacio ni el tiempo existen en realidad. El espacio provoca la sensación de separación, cuando todos somos UNO y lo mismo; el tiempo se contabiliza en relación al espacio, ya que tiene efecto en el traslado de un lugar a otro, de un hecho al siguiente. Sin embargo no es así, ya que si la distancia no existe, no puede existir el tiempo. Vamos a aclarar: todo lo que acontece es movimiento simultáneo en un eterno presente.

Nuestra consciencia existe desde el principio de los tiempos puesto que es una partícula de esa fuente de energía poderosísima que llamamos Dios. Nuestro Yo se origina en el momento en que Él decidió dar libertad a esas partículas de sí mismo. Al empezar la experiencia individual, la conciencia individualizada empieza a crear diferentes planos en donde expresarse, de los cuales el mundo físico es uno, dejando una porción de su misma consciencia en cada uno. El Yo que actúa en la realidad física no es más que una parte de nuestro Yo total que se expande y crece con todas las experiencias que recoge en las diversas realidades.

No debe conmocionarnos saber que lo que creemos ser no se reduce a nuestra conciencia de tercera dimensión. Somos seres multidimensionales y esta porción del Yo integral que actúa en el mundo físico es sólo una porción de él. Nuestro trabajo es elevar la consciencia de este plano donde no se entiende lo que en realidad somos para acrecentar nuestra creatividad y actuar en consciencia de nuestras diversas experiencias. Esas otras facetas del Yo integral están viviendo otras experiencias en otras realidades dando así al Absoluto su contribución de creatividad.

Mucha inquietud causa la aseveración de que la reencarnación no existe cuando se habla de evolución. Existe, pero no cómo sucesión de hechos en el tiempo. El tiempo como tal no es, la vida es continua y todo se experimenta al mismo tiempo. Sin embargo las diferentes experiencias en el mundo ilusorio de la materia física tienen lugar viviéndolas el Yo total en diferentes momentos de esa ilusión pero en forma simultánea.

No alcanzamos a comprender la inexistencia del tiempo y la simultaneidad. Cuando se habla de reencarnación en la que una misma entidad ha vivido diversas experiencias, querría decir que su Yo total está experimentando simultáneamente esas experiencias a través de sus diferentes personalidades en los distintos momentos históricos. En el momento que se perciben esas otras vidas bajo hipnosis o en meditación probablemente es porque se está haciendo contacto con el Yo total. Podríamos imaginarlo como la cabeza de un pulpo al que llegan las múltiples vivencias que se absorben por los diferentes tentáculos, las cuales es su voluntad vivenciar para experimentar en su totalidad la experiencia de la ilusión del mundo físico.

Por los diversos tentáculos o personalidades del Yo total se entiende que el ser individualizado se desdobla en varias personalidades simultáneamente, las cuales son él mismo, para aprender y experimentar todo lo que ese mundo ofrece. Cuando se ha agotado el interés por el plano tridimensional el Yo total se retrae a la siguiente dimensión donde va a seguir vivenciando lo que ésta ofrece y así sucesivamente, va recogiendo sus diferentes personalidades hasta convertirse de nuevo en lo que era en un principio, luz que se reintegrará a la fuente donde se originó.

Este proceso no se debe considerar en términos de tiempo sino de movimiento, ya que El Creador se mueve y expande continuamente expresándose a través de sus criaturas, como el gran director que es de ese maravilloso concierto de la creación

Siempre está presente el orden divino que emana de Él y aún en la gran ilusión del mundo físico todo lo que acontece tiene un propósito de orden y armonía. Si a veces aparenta la vida ser inarmónica, necesariamente hay un trasfondo que llevará de nuevo al equilibrio. Las consciencias individualizadas que son los seres humanos desean experimentar lo desarmónico, es decir, la desunión, el no amor pero entonces se pone en marcha el orden divino que se encarga de restablecer el equilibrio y la armonía universal. Este orden divino es lo que se entiende por karma.

Se dice que la reencarnación no existe como sucesión de experiencias en diferentes cuerpos y personalidades. Si nos enfocamos a este tema con la consciencia de no tiempo y no espacio en efecto no existe pero, ¿cómo podemos comprender este concepto mientras se está inmerso en el plano donde rige el espacio-tiempo? Es como pedirle a una hormiga que contemple todo el paisaje desde el suelo.

Se necesitaría entender que todo es al mismo tiempo y que la misma entidad está experimentando las diferentes personalidades en una misma línea de vida es decir, que se es la misma entidad con una distinta personalidad según la experiencia que se necesita vivir para aprender las diferentes virtudes que nos acercan a Dios.

Entonces, cómo se pueden conjugar la reencarnación como sucesión de hechos con las diferentes experiencias del ser que tienen lugar simultáneamente.

Si tomamos el hecho de que encarnamos en un cuerpo de tercera dimensión y aceptamos de antemano la experiencia que vamos a vivenciar para nuestra apertura de consciencia, esto implica el concepto tiempo, ya que una cosa precede a la otra. En cierta forma es así, puesto que se necesita de un proceso para volver a recuperar la consciencia cósmica. Se habla de involución y evolución, de emanación y absorción de la energía divina, de alejarse de la Consciencia Universal y reunificarse a Ella; en todo esto está implícito el factor tiempo, entonces ¿Cómo puede ser todo simultáneo?

Se entiende la simultaneidad como movimiento y éste en la eternidad es como un continuo presente porque el pasado sigue existiendo de la misma manera que el futuro está ya determinado. Esto no es igual a determinismo porque existe como probabilidad y es nuestra decisión la que hace que las circunstancias se inclinen hacia un lado u otro. Es decir, que si ante un hecho nosotros tomamos una decisión x, ésta producirá el efecto que ya existe como una probabilidad, pero si hubiésemos optado por su contrario, habría acarreado el otro efecto que ya está determinado como posibilidad.

Esto no es fácil de entender, sin embargo se tiene que comprender que no somos marionetas, que nuestro libre albedrío es un don divino que ejercemos continuamente. La vida es como un tejido que si optamos por un camino se van entretejiendo los resultados de esa decisión, los cuales finalmente llevarán a la armonía siguiendo caminos más o menos cortos o directos. Todo esto implica sucesión de vidas en nuestra consciencia tridimensional, aunque se trate de un Yo total que toma sus diferentes experiencias a través de sus diversas personalidades, como en el ejemplo del pulpo con varios tentáculos. Si un tentáculo crea desarmonía, otro al mismo tiempo la contrarresta a través de otra vivencia.

Mientras se está inmerso en la materia física no se puede llegar a la comprensión total de estos conceptos tan abstractos, no obstante, se pueden intuir y nos dan la idea de la intemporalidad y la impermanencia de la vida.

Incluimos un texto de los maestros.

Al ser individuos, es decir, al habérsenos dado la individualidad, no quiere decir que estemos separados de los demás, sino que tenemos cada uno diferente misión y propósito, como en el cuerpo humano cada célula tiene su función para el perfecto funcionamiento del mismo.

Nuestra función es abrir la consciencia de los que todavía están dormidos y al mismo tiempo abrirla nosotros mismos. Vamos en el camino de regreso que nos llevará a la Fuente de donde nos originamos y en ese camino hay varias etapas. Nos encontramos en la primera que es el mundo físico del cual tenemos que salir con nuestro propio esfuerzo.

En el largo camino de la evolución, los que hemos querido incursionar en la sombra tenemos que vivir múltiples experiencias que nos hagan comprender por donde se encuentra la salida. En cada experiencia aprendemos diferentes cosas y cuando acabamos podemos juzgar los aciertos y los errores lo cual nos prepara para otra experiencia.

No entienden cómo si todo es simultáneo nos preparamos para una nueva vida en el mundo físico. Entre cada vida en el mundo tridimensional existe un lapso en el que el Yo superior escoge en donde va a efectuar su próxima experiencia, con quién y en qué momento histórico. No es posible entender esto cuando se está en el tiempo lineal pero es así, las diferentes personalidades en las que se desdobla el individuo se compensan unas a otras hasta obtener el equilibrio que se perdió al entrar en la oscuridad.

Es cuando el promedio entre las diferentes experiencias que se viven "simultáneamente" encuentran el equilibrio cuando el Yo total eleva su vibración y sale de la tercera dimensión, continuando así su ascensión hacia los planos superiores que lo llevarán a la fusión con Dios.

CONCEPTO DE REENCARNACIÓN EN LA TERCERA DIMENSIÓN

Puesto que con nuestra consciencia tridimensional no alcanzamos a comprender la simultaneidad y para entender el proceso de evolución, hablaremos de la reencarnación como una sucesión de experiencias en el tiempo.

En virtud de que ha sido nuestra voluntad expresarnos en el mundo de la materia, para conocer y dominar todo lo que este mundo ofrece se necesitarán experimentar múltiples vivencias. Estas nos harán ejercitar nuestra capacidad creativa y están diseñadas para crecer y aprender a amar, a desapegarnos del plano físico, a ser humildes y en fin, a adquirir todas aquellas virtudes que nos llevarán a manifestar nuestra esencia.

Al llegar al plano de la materia física es como si creáramos el escenario de una pieza teatral en la que deseamos ser los actores. Es ahí donde el concepto ilusorio toma sentido ya que únicamente se trata de una experiencia creativa de los seres que habitan el mundo físico. Así el Creador se manifiesta a través de sus criaturas pero guardándose siempre la dirección de la pieza teatral mediante la ley causa-efecto para que no se convierta en caos.

¿Por qué se necesita que pasemos por la experiencia de la dualidad? Nos preguntamos. Así lo escogimos para experimentar diversas vivencias como los sentimientos, las emociones y nuestra facultad de crear a nuestro antojo toda serie de circunstancias que nos hagan comprender lo que significa nuestro verdadero ser, que es magnífico. Cuando nos sumergimos en el mundo dual necesitamos de sentimientos para diferenciar lo que se entiende por bien y mal, pero al experimentar la dualidad, éstos nos sirven para salir de ella.

Quisimos entonces experimentar nuestro ser viviendo la ilusión de lo que NO-ES para entender en toda su magnitud, la belleza, la armonía y la felicidad que somos en realidad. Tuvimos que pasar por experiencias dolorosas para apreciar la felicidad, vivimos mucha inarmonía para saber lo que significa la armonía, entramos en la limitación del mundo físico para gozar de ser ilimitados. El problema es que una vez en el mundo ilusorio nos apegamos en tal grado a él que nos cuesta salir hacia el infinito que es adonde pertenecemos.

Necesita el ser humano de muchas y muy variadas experiencias para elevar su nivel de consciencia que se encuentra dormida después de su inmersión en el plano físico. En él se involucra en toda clase de distracciones; aparece el ego que en un principio le es necesario para afirmar su individualidad pero que a la larga confunde con separatismo. Es entonces cuando comienza a actuar de forma discordante, creando las distorsiones que se convertirán en enfermedades del alma y que son difíciles de curar. Esas toxinas espirituales sólo se expulsan a través de enfermedades manifestadas en el cuerpo físico y que el dolor que producen hace que se disuelvan o con la comprensión del error, con la toma de consciencia del patrón patológico y por ende, su curación.

En muchos casos se necesita de fuertes estímulos de dolor para tomar consciencia de lo erróneo de nuestras actitudes. Repetir una y otra vez las mismas no es grave ya que entre más elaborada sea la actitud distorsionada más profundamente se hunde el individuo y esto mismo lo llevará a reaccionar en un momento dado. Se da a cada quien las oportunidades necesarias para enderezar el cauce de su vida. En cada experiencia en el mundo físico se tienen diferentes opciones. Si se elige el camino que nos sumerge de nuevo en la vida distorsionada, se encontrará más adelante otra circunstancia que nos ayude en la curación de esa distorsión. Estos vicios de actitud frecuentemente pasan de una vida a otra y a veces es necesario caer hasta el fondo para que esa misma enfermedad nos haga reaccionar.

Mientras se está encarnado es muy difícil darse cuenta de nuestras distorsiones pero una vez desprovistos de la envoltura corporal se ve claramente lo que está enfermo y en función de esto se elige la nueva experiencia con el fin de obtener la curación.

A continuación un ejemplo de esto:

Me estoy preparando para pasar al siguiente plano. ¿Cómo? Me preguntas, con deseos de avanzar, de saber cada vez más de cómo funciona la Creación y tratar de erradicar mis defectos, que como bien sabes, es el gran ego que desarrollé en mi última experiencia.

No ha sido la primera vez que me acontece, durante varias vidas he estado sujeto a ese defecto y a pesar de que he escogido varias vidas en las que se puede desarrollar, lo hice en ésta para luchar contra él y erradicarlo de una vez. Veo que es difícil lograrlo, sobre todo cuando tienes la oportunidad de ser exitoso y con ello alimentar el ego. Sin embargo, la única manera de aplacarlo es que aparezca y así poderlo desactivar. Lo que ayuda en este trabajo es el recuerdo que guarda el alma de los terribles remordimientos que se tuvieron al llegar a la verdadera vida.

Pasar el examen significa salir victorioso de las actitudes que nos tienen atados al plano terrestre y se logra en la medida en que nos desapeguemos de nuestros deseos egoístas. Mientras sigamos ocupados en sobresalir, poseer y controlar nos será difícil pasar el examen final en virtud de que la vibración del plano físico nos atraerá irremediablemente a volver a él. Nuestra meta debe de ser la felicidad para la que fuimos creados, la cual se obtiene viviendo en armonía con el infinito.

En todas las experiencias por las que pasamos a lo largo de nuestras incontables reencarnaciones está presente el libre albedrío. Antes de iniciar una nueva experiencia en el plano físico es cuando más lo ejercitamos, estableciendo las circunstancias requeridas para desarrollar las tareas que nos hemos fijado.

Se eligen de antemano las condiciones idóneas para lograr nuestra meta de aprendizaje, el vehículo físico e incluso las personas con la cuales vamos a convivir. Estas últimas pueden ser seleccionadas por tener vínculos con ellas en experiencias anteriores durante existencias previas, ya sea porque se tienen asuntos pendientes o porque se desea trabajar en conjunto con ellas. La doctora Helen Wambach ha investigado numerosos casos que a través de la hipnosis revivieron los momentos antes de encarnar. Incluimos algunos de ellos que aparecen en su libro *"La vida entre las vidas"*.

"Cuando preguntó sobre el propósito de mi vida actual, me di cuenta de que consistía en establecer una nueva relación con la gente con quien estaba en deuda por perjuicios que le había causado en vidas anteriores. Me doy perfecta cuenta ahora de que mi marido en esta vida de hoy es un alcohólico, y entiendo que debo ayudarle porque en una vida anterior me porté mal con él".

"Mi madre fue monja en una vida anterior y mi padre un tahúr. Los elegí para experimentar los extremos y les ayudé a cumplir su destino y también el mío".

La vida en el mundo espiritual es la verdadera y no se comprende esto mientras se está inmerso en la materia física. Se toman experiencias en la Tierra para evolucionar y obtener sabiduría pero es en la primera donde se vive de verdad.

Damos aquí un pequeño mensaje de los que nos han precedido en el proceso evolutivo, que dice como sigue:

Nosotros hemos voluntariamente bajado al mundo físico a experimentar con lo material, pero nos involucramos de tal manera con esa experiencia, que olvidamos nuestra verdadera identidad divina y nuestra mente se queda atrapada en el plano tridimensional.

Nuestro pensamiento ilimitado se convirtió en limitado, encarcelándonos voluntariamente en la limitación de la materia física. Lo que nos queda por hacer es tomar consciencia de nuestra divinidad y deshacernos cada vez más de nuestra manera de pensar limitada. Esto se obtiene meditando y desapegándose de este plano en el que nuestro corazón está atrapado.

¿Por qué no podemos desapegarnos de nuestros deseos de poder, de sobresalir, de reconocimiento? ¿Por qué no podemos desidentificarnos de nuestro cuerpo, nuestra familia, nuestra posición, nuestras pertenencias? Todo esto nos ata a esta limitación de la materia física y nos hace volver a ella una y otra vez.

Se está dando ahora la oportunidad del cambio, el momento idóneo para abrir nuestra consciencia hacia lo que realmente somos, hacia la liberación de nuestra limitación provocada por nuestro pensamiento que sólo está enfocado a este plano.

Nuevamente les decimos, sus hermanos mayores, que ya nos hemos liberado, que no es difícil, sólo se tiene que enfocar la atención en lo ilimitado dejando atrás ese plano

*del mundo físico en el que ya se agotó todo lo experimenta-
ble. Casi todos han pasado por todas las experiencias que
ese mundo ofrece: poder, dolor, enfermedad, gozo, riqueza,
miseria, inteligencia, tontería, todas ellas con el objeto de estimular su creatividad, puesto que este mundo ha sido creado
por nosotros y su verdadero objetivo que fue el de dar gloria al
Creador, ya se obtuvo. Ahora nos toca dejarlo atrás, y pasar
al siguiente plano de consciencia donde nuestra creatividad
encontrará motivaciones más elevadas.*

*Nuestra ayuda se hará cada día más patente, volvere-
mos a ver dolor y angustia en el mundo, pero esos estímulos
son necesarios para que se logre el desapego de ese plano. Una
nueva era se avecina en donde la humanidad dará un paso
adelante en su evolución. El Creador sea con ustedes.*

Relatamos el caso de dos personas que esco-
gieron la enfermedad como medio de aprendizaje.

Necesitamos comprender que no estamos hechos para ser el centro de atracción

Sofía empezó a padecer a la edad de 39 años
de esclerosis lateral amiotrófica, terrible enfermedad que provoca una parálisis progresiva que termina con la muerte. Joven esposa y madre de dos
hijos en el principio de la adolescencia, le fue en un
principio muy difícil aceptar su enfermedad. Buscó
por todos los medios encontrar la cura sin encontrarla. Sin embargo, en lugar de hundirse en la au-
toconmiseración, poco a poco Sofía llegó al entendimiento de que la enfermedad es una oportunidad
de crecimiento y que en el perdón a sí misma y a los
demás se encuentra la verdadera sanación. Apren-
dió a ver su vida como una aventura diferente, que
no era ni mejor ni peor que la de otros, sino simplemente diferente, y mantuvo siempre una esperanza.
No obstante tenía la convicción de que aun cuando

su cuerpo no sanara, no habría perdido el tiempo pues llegaría a ser una persona mejor, más llena de amor y de paz.

Durante los seis años que duró su enfermedad y conforme su parálisis iba aumentando, Sofía se debatía entre la rebeldía que esto le provocaba y su deseo de aceptar sus circunstancias.

"Para mí descubrir que mi enfermedad podía ser una oportunidad para crecer, ha sido un proceso lento y difícil de mantenerme en él. Pero ha sido una escuela de vida en la que he aprendido a buscar la paz interior, a vivir en el presente, dejando las culpas del pasado y el temor al futuro, a no querer cambiar a los demás, etc". Escribía y más adelante *"Sé que dentro de mí y de cada uno de nosotros, hay un ser luminoso, pleno e inalterable, sólo hay que aprender a enfocar esa realidad. Una amiga dice que vivimos sintonizados en AM, viendo y juzgando con los ojos del cuerpo, pero que podemos aprender a sintonizarnos en FM y ver con los ojos del espíritu y del corazón, enfocando sólo esa parte luminosa. A mí me es fácil percibirme como ese ser pleno y luminoso, pero cuando me oigo hablar o cuando deseo tomar algo que está en mis rodillas y no puedo, veo que hay una parte de mí que se desmorona. Sin embargo creo que la sanación está más cerca de lo que creemos, tal vez al menos parte de ella está en nuestro corazón".*

Un año antes de su muerte Jocelyn comenzó a visitarla para ayudarla en su proceso de aceptación. Cuando yo la conocí, dos semanas antes de su muerte, nos cuenta Carmen, se encontraba totalmente paralizada e imposibilitada para hablar, pero la expresión de sus ojos era de una gran paz. Lo que más me impresionó fue la luz que emanaba de su persona. Nos reunimos ese día con dos de sus amigas con el propósito de hacer una meditación y mandarle luz a Sofía. Estando en esto, una ola de vibración amorosa nos envolvió tanto que nos emocionó hasta saltarnos las lágrimas mientras recibíamos el siguiente mensaje:

"Bendito y alabado sea el Altísimo que nos permite dar consuelo a quien sufre. Si se le ha dado vivir con gran sufrimiento es porque así ella lo escogió; quiso adelantar en su evolución lo máximo posible en este fin de era. Su familia aceptó venir con ella como estímulo que también les ayudaría a abrir su consciencia.

No desesperes, necesitas comprender que si tu vehículo físico no sirve ya, tu alma está cada día más transparente y el espíritu se manifiesta mejor cada día. Eso es lo que tú querías al venir a esta experiencia y es lo que has logrado. Nosotros te esperamos con ansias y daremos a tu llegada verdadera fiesta de bienvenida. Se te dice que tu año de escuela ha sido verdaderamente exitoso y que saldrás con honores. Se da a cada uno lo que solicita y a ti se te dio lo que pediste".

Dos semanas más tarde Sofía moría en perfecta paz y total aceptación. Antes de que me lo avisaran sus familiares se me dijo:

"Se acabó ya el doloroso proceso de Sofía y se le recibe aquí con efusión y amor. Ha sido muy exitosa su experiencia y adelantó mucho en su apertura de consciencia. Se necesita ahora ayudar a los que dejó para comprender el porqué de esa vida de dolor, ya que también fue aprendizaje para ellos".

Dos meses después, estando reunidas con la madre y el marido de Sofía, esta se comunicó en los siguientes términos:

"Si el tiempo que ha pasado desde mi desprendimiento de la materia ha sido corto es porque ya con anterioridad parte de mí se encontraba en este plano. Mi cuerpo, al ya no servir, estaba ahí pero mi alma se encontraba la mitad del tiempo aquí. Mi vida en la materia fue difícil y a veces me rebelé ante los obstáculos que se me presentaron, pero yo lo escogí así antes de ir allá. Necesitaba de un fuerte aprendizaje y lo logré. Sé que di mucho dolor a mi alrededor pero

fue también aceptado de antemano por ellos y su aprendizaje ha sido muy alto. Se define aquí ese aprendizaje como curso intensivo y eso es lo que ha sido para mi esposo, mi madre y mis hijos.

Si fui el instrumento de su dolor es porque también ellos lo aceptaron y sólo les puedo decir que todo el dolor que hemos pasado vale millones de veces al llegar aquí. No pueden imaginar siquiera la felicidad que se experimenta en este lugar. Dirigirme a ustedes es con la finalidad de decirles que si es cierto que sufrimos, ese sufrimiento se convierte en gloria al llegar aquí. No se trata de que nuestro Creador sea cruel ni que mientras más sufrimiento más premio nos da. Esos son malentendidos. Su amor y misericordia son infinitos y si nos deja sufrir es para compensar nuestro actuar inarmónico anterior y con eso abrir nuestra consciencia hacia el único método para llegar a Él que es a través del amor.

Si me pusieron en el camino a quien escribe, es porque se me dio con su mensaje un último impulso que me ayudó a desprenderme de la materia. Fue el inmenso amor de estos seres de luz que me hablaron a través de ella los que me ayudaron a dar el paso final hacia la luz. Sólo les puedo decir que la recepción que tuve a mi llegada fue apoteósica. Mi deseo y consejo es que se abran hacia nuevos conceptos sin prejuicios ni ideas demasiado rígidas. Nadie sabe todo ni tiene la verdad absoluta. Estamos en un trabajo de evolución hacia el Creador y ese trabajo es personal. Al evolucionar nuestra consciencia, cada vez necesitamos de conceptos más profundos; el quedarse estancado por miedo no ayuda al avance espiritual. Necesitan comprender que a cada etapa corresponde una diferente explicación de lo mismo y que ahora ustedes están ya preparados para entender conceptos más profundos".

Durante el tiempo que duró su enfermedad, Sofía investigó las causas de ésta junto con su amiga Vicky que es psicoterapeuta y quien la ayudó mucho en todo su proceso. Ambas pensaban que las enfermedades son psicosomáticas y Sofía estaba convencida de que parte de la razón de su estado físico se debía a un fuerte abandono que había experimentado de niña. Un año después estando con Vicky, Sofía se comunicó a través de mi pluma:

"Vicky querida, estoy en un lugar maravilloso, donde no existe el dolor ni los sentimientos negativos. El verdadero mensaje de mi experiencia es que todo lo que se experimenta en la vida física es para aprender a desprendernos de nuestro ego soberbio. Si al principio creí que mi enfermedad provenía del abandono que experimenté cuando niña es porque todavía estaba inmersa en ese ego que busca reconocimiento y aceptación. La razón de mi enfermedad fue otra muy distinta. Necesitaba comprender que no estamos hechos para ser el centro de atracción sino para darnos a los demás. Mi enfermedad me sirvió para practicar la humildad y la paciencia, ambas cosas que me propuse aprender desde antes de encarnar. Sí fue difícil pero cuán retribuido aquí. Mi consejo Vicky es que sigas trabajando como lo haces y tratando de dar a conocer estos conceptos de vida eterna y aprendizaje en la materia, de supresión de ego que es lo que nos separa de nuestro creador".

¿Por qué a mí?

Hugo murió a los 42 años de Lupus, enfermedad que padeció durante 10 años causándole muchos estragos. Jocelyn lo fue a ver unas semanas antes de su muerte porque sabía que él estaba desesperado y muy desalentado. Durante su visita le contó la historia de Sofía esperando que esto le sirviera para entender mejor el porqué de su situación. Pero tristemente no encontró en él ningún eco.

Un mes más tarde moría y algunos días después se expresaba de esta forma:

-Me dicen que puedo hablar contigo Jocelyn y no entiendo como es esto posible. Cuando me fuiste a ver no creí ni

un ápice de lo que me contaste sobre esa mujer que aceptó su enfermedad y que es más, la escogió .Pero ahora veo que es verdad que se puede uno comunicar desde aquí con algunas personas y a través de quien veo escribiendo (Carmen) reciben lo que deseo decir; por eso me doy cuenta de que no eran mentiras lo que me decías. Al oírte decir que quise morirme te digo que sí me decidí a irme porque ya no era vida la que tenía y no quería seguir deteriorándome más, pero estoy sumamente confuso y rebelde por lo que me ha pasado.

¿Por qué a mí? ¿Por qué esto? ¿Por qué ahora? Del libro que me regalaste sólo leí el título que me sumió más en mi rebeldía y desolación. Ahora sólo te digo que lo que he encontrado es horrible, oscuridad y frío cuando yo esperaba o la nada o el cielo que me ofrecieron porque siempre cumplí con los preceptos de la Iglesia, aunque no puedo decir que creía todo lo que decían. Dime ¿sabes tú qué es esto? ¿Cómo puedo salir de este encierro?

-Queridísimo Hugo, lo que te tiene sumido en esa oscuridad es tu propia rebeldía que te ha impedido aceptar tu vida como se te presentaba y ahora la muerte. Es tu estado mental de coraje que te impide ver la luz y la vida maravillosa que te espera. Sólo tienes que dejar a un lado tu rebeldía y pedir ver la luz para salir de tu encierro.

Me dices que no acepté mi vida. Acepté todo lo que me tocó vivir con momentos difíciles económicos, con mis padres que no fueron fáciles y lo único que no acepté fue mi enfermedad que truncó mi vida en el mejor momento.

-Todo lo que vivimos son estímulos que necesitamos para nuestro crecimiento. Nada es casualidad y la enfermedad es uno de los medios que escogemos para purificarnos y crecer espiritualmente.

No entiendo que digan que son estímulos para aprender y superarse.¿Por qué entonces no a todo el mundo se le dan condiciones difíciles? No me contestes que es porque eres consentido de Dios si te suceden todas esas cosas.

-Estamos todos en un proceso de evolución hacia Dios. Salimos de Él para regresar a Él en consciencia de nuestra verdadera identidad. Para ello pasamos por múltiples circunstancias: la pobreza y la riqueza, la salud y la enfermedad, el amor y el desamor y toda la gama de la experiencia humana, lo cual aceptamos vivir de antemano a través de muchas vidas para ir comprendiendo el verdadero significado del amor, que es nuestra esencia.

No creo que he vivido antes ni que viviré después. ¿De dónde sacan esas ideas estúpidas?

-No tiene ninguna importancia si no crees en la reencarnación. Lo único importante, a través de lo que vivimos, es la aceptación de nuestras circunstancias, ya que esta es la actitud que nos va liberando poco a poco de la esclavitud del ego que nos ciega.

No me hablen de aceptación, me sale del alma el coraje que me da mi suerte, he tenido que dejar lo que más amaba, mi familia. ¡No puedo y no quiero!

Así y todo, después de un largo trabajo de convencimiento comenzó a ver la luz y finalmente se desprendió.

LAS ENFERMEDADES

Los casos de Sofía y Hugo nos hablan muy claramente de cómo las enfermedades son estímulos para nuestro crecimiento espiritual. Estas se originan en el cuerpo astral o cuerpo de las emociones, provocadas por nuestras desarmonías. Nuestras emociones son frecuentemente negativas motivadas por nuestro deseo de controlar, de reconocimiento, inseguridad o falta de fe en general y van en contra del sentido de unión, creando bloqueos energéticos. Estos se reflejan en el mal funcionamiento de la energía que alimenta nuestros cuerpos, pero sobre todo el astral. Al verse afectado en su recepción energética se provocan una serie de deformaciones que se manifiestan a continuación en el cuerpo físico. Por ejemplo, el cáncer o el sida pueden hacer las veces de desintoxicante, ya que a través de las enfermedades se eliminan las toxinas espirituales.

Se nos dice que escogemos de antemano el cuerpo que necesitamos para la determinada experiencia que nos proponemos llevar a cabo. El no tener enfermedades no quiere decir que estemos limpios de desarmonías sino que éstas se expulsarán en una próxima experiencia o a través de llevar una vida armoniosa y de amor puesto que esta energía todo lo cura. Lo que a veces acontece es que no se lleva a cabo lo que se pretendía al dejarse llevar el ser humano por su soberbia o ego. Es entonces cuando vemos a personas muy desarmónicas con muy buena salud.

Cuando se acepta eliminar el karma en una existencia sobre la tierra es cuando se tiene una enfermedad tras otra y esto no es más que proceso de limpieza. Este proceso terminará cuando entendamos que fuimos creados para el amor que incluye la humildad, soltar el control de los demás y de nuestras vidas y una inagotable paciencia que significa la aceptación total de lo que nos acontece, abandonarse al flujo de la vida sin tratar de cambiarla siguiendo nuestro capricho. No cesará mientras no entendamos que las enfermedades son el medio que escogimos para eliminar nuestras desarmonías y que lo aceptamos para aprender el amor, la humildad y la aceptación.

ADOPCIÓN

La adopción es una experiencia que se escoge de antemano para aprender diferentes lecciones. Para la persona que no puede procrear, es una circunstancia que generalmente escoge para compensar acciones de otras vidas, entre otras el abandono o maltrato a los propios hijos. Por otro lado, el que se separa de un hijo porque no lo puede tener, su karma puede ser para aprender el desapego. En cuanto al adoptado, lo que está experimentando es el abandono que seguramente necesita para contrarrestar acciones inarmónicas de otras experiencias. También es una oportunidad para aprender el amor incondicional y la gratitud hacia quienes tienen la generosidad de acogerlo.

En un caso de adopción en el que la madre biológica era muy joven, circunstancia que la obligó a dar en adopción a su hija, le produjo a la madre adoptiva un sentimiento de compasión hacia ella al mismo tiempo que cierta culpabilidad por sentir que su felicidad va acompañada del dolor de la verdadera madre. Esto es lo que nos llegó de los maestros:

Cuando una mujer se embaraza siendo muy joven y no teniendo la posibilidad de brindar un hogar a su hijo, es preferible darlo en adopción, lo que da felicidad a quienes no han podido procrear.

Para la criatura es mejor esta opción y para la madre tiene que tomar consciencia de que su hijo será más feliz en un hogar en donde tendrá cariño y apoyo. Por lo que respecta a su dolor es un obstáculo que ella misma escogió para limpiar karma pero eso le ayudará a crecer espiritualmente y más tarde tener una familia con otros hijos.

Consuelo debe ser el saber a su hija cuidada y feliz y darse cuenta de que ahora no está todavía preparada para asumir la responsabilidad que tiene que afrontar cómo madre.

Sean éstas palabras bálsamo para quien sufre y consuelo para quien adopta

LA HOMOSEXUALIDAD

El amor humano se compone del deseo de unirse a aquello de lo que se ha separado, es decir, lo que en realidad busca el ser humano en el amor terreno es sentirse en unión con otra alma para eliminar el sentimiento de separación. Se logra momentáneamente pero siempre persiste ese vacío de algo que no acertamos a comprender. Ese algo no es otra cosa que nuestro destino final, la unión última con nuestro Creador.

Es normal que sintamos la necesidad de acogernos a un amor humano que emula la unión con el Todo. No importa quién sea o cómo sea, esa unión nos es necesaria para experimentar el complemento de nuestro ser que se siente incompleto. Ese sentimiento proviene de la dualidad en la que vivimos en la tercera dimensión.

Poco a poco iremos necesitando menos del complemento con otro ser humano; al entrar en contacto con nuestro Ser experimentamos la plenitud verdadera, la verdadera unión y entonces no necesitaremos ya de otra persona.

Si el sexo existe es porque se necesita experimentar los dos aspectos del ser por separado, ya que nuestro Yo superior tiene los dos aspectos en él, como todo en el Universo, femenino y masculino, activo y pasivo, etc. En el estado actual de la humanidad todavía no se ha llegado a la unión de éstos.

La homosexualidad es un medio de aprendizaje duro, pues el tener una inclinación sexual distinta de la que se espera no es fácil. El pasar por este obstáculo puede tener diferentes objetivos en su deseo de experimentarlo. Algunos de estos pueden ser: superar el deseo de aceptación de los demás o trascender el sufrimiento que confiere ese estado, como puede ser la culpa y la falta de aceptación a sí mismo, el rechazo de la sociedad, la falta de una familia convencional y de un compañero o compañera estable, una vida diferente de lo que se espera de la persona.

Por ejemplo, puede ser que un alma quiera trascender la necesidad de reconocimiento para entender a un nivel profundo que su seguridad no depende de la opinión de los demás sino del reconocimiento de su Ser y de la aceptación de sí mismo. Puede escoger entonces un estímulo fuerte como el vivir algo que no está bien visto por la sociedad, para experimentar el rechazo y el dolor que esto conlleva y aprender a transmutarlo en amor incondicional a su persona y así descubrir la verdadera felicidad que no depende de nada ni de nadie. También la culpa es parte del sufrimiento por el que se pasa para practicar la aceptación de sí mismo.

Incluimos en el mensaje de nuestros guías a una persona con esta inclinación que acudió a nosotras en busca de consejo porque se sentía culpable.

No te fustigues con culpas, deja eso de lado, estás viviendo una experiencia que programaste antes de encarnar para aprender varias cosas, la autotolerancia, la no aceptación del mundo, la compasión contigo y con los demás, el no juicio. ¿Te das cuenta de todo lo que te has propuesto?

Cuando llegues aquí te vas a dar cuenta de que el alma y el espíritu no tienen sexo y que éste lo escogemos para aprender y experimentar diferentes aspectos del comportamiento humano.

Y ahora un mensaje de un alma que pasó por esta experiencia y que se encuentra ya en la luz.

Voy a contarles mi experiencia al llegar aquí. Lo primero que sentí fue miedo del castigo pues estaba convencido que había pecado gravemente. Tú sabes, las programaciones que se traen y que al morir no desaparecen de inmediato. Vinieron a ayudarme a ver la luz muchas personas que había conocido. Tardé en escucharlos porque fui muy terco y ese defecto queda cuando nos quitamos el cuerpo. Luego de que al fin vi la luz y me interné en este mundo maravilloso, entendí que mi homosexualidad no era ni mala ni buena, sólo se trataba de una de tantas experiencias que se escogen al encarnar.

Actualmente se están dando muchos casos de esa particularidad. Según me dicen es porque la humanidad desea ya trascender la necesidad de experimentar los dos sexos y volver a lo que fuimos en un principio, es decir, andróginos. A eso se llegará una vez trascendida la experiencia de la tercera dimensión, el mundo dual.

Es posible optar por ser homosexual y pasar por la enfermedad del sida para vivir el abandono de la familia, de la sociedad o de la pareja. La agonía de este experimento puede ser una fuerte motivación para buscar otras respuestas dentro de nosotros mismos y así acercarnos a Dios. El sida, a diferencia de otras enfermedades, carga con un estigma social por la asociación que se hace con la homosexualidad, lo que representa un obstáculo severo y muy doloroso para los que la padecen. La presencia de este padecimiento en la sociedad es un fuerte llamado a la compasión y al amor, en lugar de los juicios negativos que despierta. Nos invita a cuestionar profundamente la forma en que se juzga a los que son "diferentes" en nuestro mundo.

En el deseo del alma de experimentar un vínculo con otro ser humano puede darse el caso de que un heterosexual, al tener malas experiencias sentimentales con el sexo opuesto, lo lleve a tratar una relación con el mismo sexo. Son aprendizajes que forman parte del proceso evolutivo del alma en su anhelo por recuperar el sentido de unidad que le es innato y que lo busca incesantemente en sus relaciones con otros. Algunos heterosexuales experimentan con el mismo sexo buscando mayor intensidad en el placer para llegar a entender, a través del hastío, que la felicidad no se encuentra en la satisfacción de los sentidos sino en el encuentro con la propia esencia.

Hay almas que aceptan tener una inclinación diferente al sexo con el que se nace, con el propósito de no enredarse en los placeres sexuales sino sublimar esa energía y utilizarla en el desarrollo espiritual, ayudando a otros que se encuentran en la misma situación. Esta prueba es muy dura ya que es difícil no dejarse llevar por la propia inclinación y dejar a un lado el sexo. Algunas de estas personas entran en monasterios para alejarse de tentaciones, al igual que algunos heterosexuales, y poder así volver al espíritu dando a su energía sexual el empleo de fortaleza espiritual. Hay quien lo logra pero muchos otros siguen lo que su inclinación les dicta.

También existen aquellos que no aceptan su nuevo sexo ya que en varias encarnaciones anteriores han tenido el sexo contrario al que ahora tienen. Son los que al tener una situación negativa en su vida, como una madre muy dominante o un padre castrante, se refugian en el recuerdo de su antiguo sexo y no quieren saber nada de el que eligieron actualmente. El tener una experiencia como hombre o como mujer es con el objeto de desarrollar diferentes aspectos de nuestro potencial divino. Cuando se viene muchas veces en un sexo es necesario venir en el opuesto para aprender diferentes virtudes.

El hermafrodita es producto de un defecto que ocurre en el momento de la concepción. Esta prueba, al igual que la de la homosexualidad, está también dirigida a los padres a quienes les es sumamente duro aceptar tener un hijo deforme o "distinto" de lo que se espera.

Cada sexo tiene una energía diferente que tiende a complementarse con su opuesto, por lo que en las relaciones homosexuales siempre estará presente esta carencia. Sin embargo esto no las hace negativas, sólo incompletas al no haber intercambio de diferentes energías, lo que tampoco es fácil de aceptar.

Ninguna de las experiencias anteriores son ni buenas ni malas, simplemente son, al igual que todas las circunstancias por las que pasamos. Estas no son un fin en sí mismas sino un medio de aprendizaje hacia el autoconocimiento y *las verdades de las que hemos hablado hasta el cansancio, el amor y la consciencia de unidad, que viene a ser lo mismo. El medio a través del cual se logre no es importante, lo que es indispensable es llegar.*

Nos encontramos ante el caso de un alma a la que le fue muy difícil superar este obstáculo que él mismo escogió. Una señora le habló a Carmen para pedirle que hablara con su padre con quien tuvo una relación muy difícil y cruel. Ella sentía que él le quería decir algo.

Me dejan por fin hablarte, hija mía, para decirte todo lo que me arrepiento de haberlas tratado como lo hice, tanto a mis hijas como a la que fue mi esposa.

Acabo de oír todas tus quejas y tienes razón, fui muy cruel con ustedes porque me odiaba, pues nunca acepté mi condición de homosexual y viví enojado y furioso contra la vida. Para ocultarlo trataba de aparentar lo contrario y era muy galán, en forma verdaderamente irrespetuosa, tratando de seducir a mis propias cuñadas. Nunca pude con las mujeres, me repugnaban, y si tenía sexo con ellas era para fingir que me gustaban. Eso me traía un gran conflicto. Ahora me doy cuenta de que debí haberlo aceptado desde un principio y no haber hecho sufrir a los que me rodeaban.

NO ME MERECÍA ESA HORRIBLE ENFERMEDAD

Este es el caso de un alma que se encontraba perdida después de haber muerto de sida. Jocelyn lo visitó en el hospital en los últimos días de su enfermedad en los que se encontraba sumamente rebelde y deprimido.

Mucho dolor tengo después de que dejé ese cuerpo que ya no servía; no me merecía esa horrible enfermedad, sólo porque amé a otro hombre y no supe amar a las mujeres. Es una injusticia enorme la que se cierne sobre los homosexuales, no es nuestra culpa que no nos sintamos atraídos hacia el otro sexo y no creo que eso sea pecado. ¿Por qué entonces este castigo? ¿Qué clase de Dios es para concebir estas cruel-dades? Me desespero al verme en este lugar oscuro y frío sin nadie que me ayude, sólo oí voces que me dijeron que me dirigiera a ti Jocelyn, que tu podías ayudarme, pero, ¿cómo?

Como a muchos otros le explicamos que de-bía pedir ver la luz, que su enfermedad no era un castigo sino una oportunidad de aprendizaje y el que interpretaba su situación como pecado y cruel-dad de Dios era él mismo. En el momento en que abriera su mente para buscar el amor de Dios y de-jara a un lado esta manera de pensar, la luz se haría.

Es algo que no creo, esa historieta de la luz. Me dices cosas que son extremadamente tontas. ¿Dónde está el tan ca-caraqueado amor de Dios si permite dolores tan insoportables como el que pasé y estoy pasando? Viví primero la desdicha de ser marginado únicamente por mi inclinación sexual que no es la "normal". Después el abandono del ser amado que cuando supo de mi enfermedad huyó de mí como de un apestado. No te puedo decir mi familia cómo me trató; de igual manera me abandonó por considerarme una vergüenza para ellos. Y des-pués, la degradación paulatina de mi cuerpo, el sufrimiento de la enfermedad. ¿Me quieres decir qué significa todo esto?

El medio a través del cual tú tenías que evo-lucionar y que todavía no entiendes, depende úni-camente de tu voluntad de ver o no ver la luz, no importa cómo hayas sido.

-Si esto es cierto por qué no se enseña antes de morir. Nos hablan de una serie de cosas que son difíciles de creer como el cielo, el infierno y el purgatorio, siguiendo el grado de los pecados que cometes. El mío es considerado como el peor y no veo ningún demonio ni ningún infierno, a menos de que sea donde me encuentro.

El único pecado es la falta de amor y a pesar de eso también aprendemos de nuestros errores. El único infierno lo creamos con la mente al no querer ver la luz. Abre tu corazón y confía en que con solo desearlo la verás.

Cuando finalmente vio la luz se despidió diciendo.

Nunca hubiera pensado que esto existía... Si para llegar se tenía que pasar por lo que pasé, bien valió la pena... Gracias por haberme hecho descubrir esta luz maravillosa.

He aquí un texto de nuestros maestros que aclara aún más el tema de las enfermedades.

Nuestro cuerpo funciona de acuerdo a nuestra manera de pensar dentro de los límites de lo que nuestro verdadero ser se ha propuesto. Cuando llegamos a la vida terrestre se nos olvidan los propósitos que nos fijamos para esa experiencia. Si necesitábamos aprender la humildad y no hacemos nada para ser humildes sino que desperdiciamos las oportunidades que se nos presentan, nuestro Yo interno promueve otros estímulos que nos lleven a desarrollar esa virtud. No es crueldad del destino sino sabiduría, ya que esta vida nos sirve para perfeccionarnos y no para pasarla bien únicamente.

Si viviéramos en perfecta armonía seríamos felices ya que la verdadera felicidad viene de no oponerse a lo que la vida nos presenta y actuar en acorde con la ley del amor.

Cuando decimos que el cuerpo funciona según pensamos nos referimos a que si nuestra manera de pensar es negativa se irán plasmando en el cuerpo deformaciones producidas por los bloqueos energéticos del cuerpo astral dando como resultado deterioro y enfermedad. Cuando el pensamiento es positivo se genera una energía de equilibrio que evita lo anterior.

Sin embargo nos encontramos ante personas que son muy egocéntricas y que a pesar de esto no tienen enfermedades ni deformaciones. Esto se debe a que su Yo interno ha escogido tener una experiencia saludable para encontrar el equilibrio de esa manera y entonces contrarrestar la negatividad con el propósito de abrir su consciencia. Si no lo logra así, en una próxima experiencia sobre la tierra se expulsarán todas esas toxinas con una enfermedad congénita o grave, como cáncer o sida.

Por el contrario, vemos muchas personas muy adelantadas espiritualmente con problemas de salud muy serios y esto corresponde a la voluntad del Yo interno de superarse y acabar de una vez por todas con la rueda de encarnaciones.

El deseo voluntario de sacrificarse en la vida física sirve para adelantar en el desapego de la materia dando por sentado que no es que se necesite sufrir para avanzar en la apertura de conciencia pero es un método muy eficaz.

Si el deseo del alma es seguir expresándose en la materia física, continuará buscando experiencias agradables que muy poco le ayudarán en su adelanto, hasta que se vea impulsado a avanzar hacia la luz en donde se originó. Este impulso siempre está latente y nos lleva a la larga a nuestro destino.

Si a alguien le toca en la vida una enfermedad que no está a su alcance curar por limitaciones económicas es porque necesita purificarse de esa manera no porque esto sea una crueldad suplementaria. A veces se presentan circunstancias que parecerían ser la solución a una determinada enfermedad o problema pero si ellas no están a nuestro alcance, si nos son inaccesibles, es para aprender la aceptación de lo que nos toca vivir sin que tratemos a toda costa de solucionar el problema de esa manera, ya que si nos empeñamos en alcanzar lo que no está en nuestras posibilidades de todas maneras no se solucionará.

Debemos ajustarnos a nuestros propios medios, ellos están diseñados para nuestro aprendizaje y el tratar de forzarlos sólo nos llevará a un nuevo descalabro. Vivir siempre aspirando a tener lo que no se tiene es el verdadero apego al mundo material. Es por eso que el Ser Real diseña nuevas medidas de desapego y aceptación que deberían ayudar a desapegarse del plano físico.

El dolor no es más que el resultado de nuestros deseos contrariados y el apego abre la brecha al mismo cuando no sabemos soltar lo que nos apega, ya sean afectos, posesiones o posición social. Todo esto debemos dejarlo pasar ya que cada quien vive lo que le toca vivir y no podemos cambiar nada al destino de nadie.

CAPÍTULO VI

MUERTES INESPERADAS

El hombre sabio no atesora;
Cuanto más deja para los demás, más le queda.
Cuanto más da a los otros, más tiene.

El camino del Cielo
Beneficia sin dañar,
El camino del Sabio
Consiste en actuar con generosidad,
Sin luchar ni competir.
Tao Te King

El momento específico de la muerte no siempre es elegido de antemano en forma inamovible. A lo largo de nuestra vida en el plano físico se nos presentan diferentes opciones, siempre con el objetivo de crecer y aprender. Si, como ya dijimos, escogemos un determinado camino en el que nos olvidamos de lo que nos habíamos propuesto antes de comenzar nuestra experiencia, necesitaremos de un nuevo estímulo que nos ayude en la consecución de nuestro proyecto inicial.

El momento de acabar con la experiencia física se lleva a cabo cuando ya se terminó el plan aceptado con anterioridad. Sin embargo, si nuestra vida toma un rumbo equivocado acarreará unas consecuencias que nos pueden llevar a la terminación de la experiencia en la tierra en forma prematura, desde luego con la aceptación de nuestro Yo interno, que prefiere acabarla anticipadamente antes de que se continúe sumiéndose en la negatividad. Es el caso de algunas muertes prematuras, ya sea por accidente o asesinato, siendo esto último más frecuente, ya que parte del karma que se generó con la actitud distorsionada se elimina con el dolor de esa forma de morir.

MUERTE POR ASESINATO

Un ejemplo del caso que acabamos de mencionar es el de un joven que fue secuestrado y después de varios días, asesinado. El dolor que causó a su alrededor ayudó a su desarrollo espiritual a quienes lograron superar esta prueba. Cuando esto sucedió le llegó a Carmen este mensaje:

"... Su madre se dirige a nuestro plano para alcanzar ayuda y se le ayudará a aceptar esta enorme prueba. Sólo hazle comprender que fue necesario el sacrificio de su hijo, obedeciendo a su Yo interno, que no quería seguir enredado en lo que no le estaba ayudando en su avance espiritual. Ella debe de comprender que lo que ha pasado será lo mejor para su alma".

Recibimos el siguiente testimonio de un alma que también pasó por esta experiencia de muerte prematura por asesinato:

Viví siempre muy apegado a lo que la religión decía por miedo de tomar mi propia responsabilidad; en el fondo estaba convencido de que debía buscar verdades más profundas, ya que tenía la apertura de consciencia y la inteligencia necesaria para hacerlo, pero sabía también que eso me obligaba a cambiar mi forma de actuar. Se me presentaba la religión como un escudo detrás del cual parapetarme, ya que siguiendo lo que predica, es decir, arrepintiéndose y confesándose todo se perdona. No entraba en profundidades de saber que aquello va de la mano con la actuación amorosa y que también se habla de un purgatorio y un infierno que corresponden a la ley causa efecto. Me conformaba con interpretar la religión como me acomodaba y al ser un erudito en cuanto a dogmas y encíclicas se trata, sentía que era lo bastante para estar del lado de la religión.

Llevé una vida egoísta y nada productiva a pesar de los dones que recibí. Fui muy dotado en esa vida pues me había propuesto ser líder espiritual, lo cual no llevé a cabo por pereza, defecto que me persiguió toda mi vida. Seguí únicamente los impulsos de mi ser primitivo dejándome llevar por bajas pasiones. No puedo decir que todo fue negativo, también fui muy buen amigo y no hice mal a nadie deliberadamente. Pero mi vida se fue poco a poco deteriorando, embotado en el alcohol para evadirme de una realidad nada positiva, fabricada por mí mismo.

Es ahí donde mi Yo interno decidió parar el curso de esa experiencia que se degradaba día con día. Se escogió el asesinato como un medio expiatorio que me sacudiría y me regresaría a la realidad espiritual. Así fue, me dolió mucho perder la vida de esa manera pues a pesar de mi fracaso, estaba muy apegado a ella. Fue para mí difícil despegarme por dos cosas: una por el miedo al castigo que creía merecer y dos por el apego a las cosas que me hacían sentir importante además de la soberbia de sentirme muy inteligente.

Les quiero decir que la inteligencia y la tontería son cualidades que se escogen antes de encarnar para desarrollar un determinado trabajo de aprendizaje; en el plano en el que me encuentro ahora sólo existe la consciencia más o menos abierta. Vale decir que esta experiencia ha sido muy provechosa para mí pues los remordimientos que ha generado me han servido para aprender todo lo que no se debe hacer. Tanto de los errores como de los aciertos se aprende y a veces todavía más de los primeros.

Aunque no siempre, como vimos en el caso anterior, la muerte por asesinato es kármica, generalmente lo es; esto quiere decir que es el resultado de alguna acción del mismo género que se ha tenido en una precedente experiencia. Se limpia nuestro karma al pasar por la misma experiencia y en el dolor que implica esta forma de morir se elimina el daño causado antaño.

Mucho dolor causa el asesinato puesto que la vida se interrumpe de forma brusca e inesperada pero es necesaria en ocasiones para purificar la negatividad que se crea al haber asesinado a su vez a un hermano. Cuando esto se comprende y se acepta, el karma desaparece y el alma queda liberada de ese peso.

Muchas veces el alma de la persona asesinada vaga en el bajo astral envuelta en sentimientos de venganza, lo que puede perdurar mucho tiempo y aún hasta varias vidas. El alma vengativa erra tras de su víctima siguiéndola en cada una de sus vidas tratando de hacerle cuanto daño le es posible; esto es parte del Karma del asesino que no se liberará hasta no contrarrestar esa acción, ya sea con dolor o con amor. Si el asesino vuelve en una nueva experiencia a matar, su karma se multiplica dándole mucha propensión al dolor y a la desgracia. Si el asesinar no está bien tampoco el quitar la vida como castigo en el caso de la pena de muerte ya que nadie tiene derecho a suprimir la experiencia vital de nadie.

Se ve en la tierra mucho dolor, múltiples asesinatos, violaciones, secuestros, toda clase de horrores. Nos dicen los maestros que no desesperemos, pues se trata de una limpieza a fondo de quienes se están purificando. ¿Qué pasará con todos esos seres que cometen todos esos desvaríos? Se irán a otro lugar que corresponda a su baja frecuencia vibratoria. Ya no se puede seguir aquí dando vueltas aborreciendo a la humanidad. Cuando esta generación se acabe saldrán de aquí los que vibren en muy baja vibración.

Ahora bien, se necesita aclarar que no se trata de la ley del Talión de ojo por ojo y diente por diente sino que estas experiencias sirven para entender en carne propia lo que uno provoca en otro hermano. Es únicamente aprendizaje, no castigo ni venganza. Seguramente ambos papeles de víctima y perpetrador los hemos asumido a lo largo de nuestras numerosas vidas ya que la mejor manera de aprender una lección es vivirla.

Robar es algo que está mal y yo no lo veía así

Fernando era un hombre de negocios al que asesinaron al salir de su oficina y que Carmen conocía superficialmente. Se especulaba que podía tratarse de un crimen pasional de homosexuales. Días después de su muerte nos habló así:

Oí voces que me decían que me acercara a ti para que me ayudaras porque tú sabes cómo ayudar a los que están en mi caso. Tienes que decirme a dónde ir ya que no sé qué hacer. Me quitaron la vida quienes me tenían envidia y me dieron de golpes hasta dejarme sin vida; no es verdad que sea por homosexual sino porque no di lo que correspondía en justicia a quienes así se vengaron. Recibí el pago de mi deshonestidad y ahora no sé a dónde dirigirme, ya que estoy en el agujero negro de mi culpabilidad y de mi deseo de venganza.

Robar es algo que está mal y yo no lo veía así, ya que mientras se está en el mundo encuentra uno justificaciones y se auto disculpa de lo malo que uno hace. En cuanto se pierde el cuerpo físico se ve todo con claridad y se da uno cuenta de lo que ha hecho mal. No sé lo que me espera y eso me aterra. Entre la vida y el juicio de Dios se está en este lugar frío y donde no hay nada ni nadie, sólo los remordimientos.

-Dios no castiga, Dios es amor... le decíamos.

-Cómo puede ser que se pueda actuar mal, sin castigo?

-Nuestro actuar desarmónico es sólo parte del proceso de aprendizaje para llegar a entender cual es el verdadero camino. Dios no juzga eres tú el que se está juzgando. A ti te espera una vida maravillosa.

-Me das consuelo con tus palabras, sólo que desconfío de lo que tú crees, no es lo que me enseñaron y no creo que tú sepas más. ¿Quién te crees tú que puedas predecir lo que pasa aquí sin nunca haber estado?

Mientras le explicábamos que no había nada que temer y que debía pedir ver la luz, Fernando seguía desconfiando.

Me alarma el hecho de poder comunicarme con quien apenas conozco. Son espiritistas, supongo y por lo tanto en tratos con el demonio.

Sólo estamos aquí para ayudarte: lo que te mantiene en ese plano de oscuridad es tu culpa. Son tus juicios acerca de tí. Sólo tienes que abrirte al amor, aceptando con humildad tu vida tal cual fue y poniéndote ahora en manos de Dios pidiéndole que te lleve con Él.

El ver mi egoísmo en forma tan clara me aterra y el miedo me invade. El cielo es nuestro cuando nos purificamos y el infierno es castigo para el que actúa mal. Yo no sé lo que me merezco...

Tardamos un rato en tranquilizarlo ya que su culpabilidad era enorme y no podía ver más allá de ésta. No dejamos de concentrarnos en mandarle amor y poco a poco comenzó a suavizarse, percibiendo finalmente la luz. Como muchos otros se sintió invadido por un gran amor y siguió su camino hacia el.

En este caso, como en muchos otros, Fernando nos dice al principio que oyó voces que le instaron a que se acercara a nosotras. A los seres que están del "otro lado" se les dificulta la comunicación con los recién desencarnados que todavía tienen puesta la atención en este plano. Al estar estos todavía vibrando en nuestra frecuencia les es más fácil escucharnos. Esa es la razón por la que se pide nuestra intervención.

MUERTE POR SUICIDIO

La muerte por suicidio se debe a la negación de seguir adelante con el karma que el ser humano se propuso disolver en esa determinada vida.

Es algo muy doloroso pues cuando se llega al siguiente plano se comprende que aquello de lo que se quería escapar sigue existiendo pero con otro enfoque, es decir, con los remordimientos de no haber tenido el valor de seguir hasta el final la experiencia dolorosa que el alma se propuso vivenciar.

Si a veces se dan casos de suicidio de personas bajo una fuerte depresión o que han perdido la razón es porque esa depresión o esa locura es generalmente un escape de la realidad. Se dice que la depresión y la locura son enfermedad y así es efectivamente, pero como ya se dijo, las enfermedades se originan en el cuerpo astral debido al desequilibrio emocional, lo cual genera una serie de desarreglos físicos que llevan al mal funcionamiento general que afecta a la química del cerebro y que desemboca en depresión crónica o en locura. Es cierto también que existe una predisposición genética para esas enfermedades pero es una de las limitaciones que se escogen con el fin de trascenderlas. Si se vive en armonía no se presentará el desarreglo mental pero si se deja uno llevar por las exigencias del ego se producirá el desequilibrio que acabará en depresión o en demencia.

El suicidio es un acto reprobable para el alma misma, que lo va a resentir como cobardía, pero de ninguna manera se le va a recriminar. No hay que olvidar que el libre albedrío es sagrado y se respeta siempre, por lo tanto el único que sufre las consecuencias de su acto es el mismo suicida.

Hay ocasiones en que estos seres vagan en ese limbo del Bajo Astral sin rumbo fijo, completamente desorientados, ya que habiendo creído que ponían fin a su vida se dan cuenta de que no ha sido así y se desesperan puesto que siguen sintiendo lo mismo que antes de dejar el cuerpo pero aumentado por el remordimiento. Un caso que ilustra lo anterior es el siguiente que recibimos estando en el grupo de meditación:

Viví en mucho desequilibrio y mi situación era verdaderamente insoportable al grado de que caí en muchas depresiones. Creí que lo mejor era liberar a mi familia de mi presencia y por eso me resolví a suicidarme. Desgraciadamente me encuentro con que no arreglé nada, la depresión que sentía en vida me persigue más intensa a la cual se agrega el sufrimiento que infligí a mi alrededor. No sé qué hacer, me siento en un abismo sin fondo que me traga aunque yo quisiera salir. Me dicen voces que me acerque a este grupo del que percibí una ola de calor y bienestar.

Como es ya costumbre, lo instamos a deshacerse de la culpa y a buscar la luz. Nos costó mucho trabajo de convencimiento y energía amorosa para liberarlo. Este es un ejemplo más de cómo la culpa nos ata y nos obsesiona impidiéndonos llegar al mundo espiritual. Al fin se desprendió con una bellísima frase: *Dios es amor. ¡Cuánto tardé en comprenderlo!*

Hay diferentes razones que llevan al suicidio. La más común es, como se dijo anteriormente por la no aceptación de las condiciones que les toca vivir y el rechazo a seguir aguantando el dolor, ya sea éste físico o moral, lo cual es una forma de cobardía. Otra razón para quitarse la vida puede ser para no perder el prestigio y con ello no manchar el nombre de su descendencia.

El suicidio por razones políticas o religiosas, es aquel en el que el sujeto se niega a aceptar una nueva forma de pensamiento político o moral y cree que con su inmolación dará un ejemplo, es decir, prefiere quitarse la vida antes de sujetarse a unas reglas que van en contra de sus convicciones. El suicidio heroico, aquel que da su vida para salvar otras.

Todas estas modalidades son atenuantes al hecho reprobable de quitarse la vida. Al decir reprobable no hablamos de juzgar si está bien o mal, sino de lo que el alma sentirá después de haber suprimido voluntariamente su experiencia vital, que siempre es una oportunidad para avanzar. Como ya se dijo, el alma se siente apesadumbrada cuando lleva a cabo un acto de suicidio pero si el motivo fue por una causa altruista, el dolor disminuirá o no aparecerá.

Que quede claro que para el Creador no hay acción reprobable, sólo acciones que nos acercan o nos alejan del camino de regreso y cuando son contrarias a la armonía universal, las leyes cósmicas se encargan de volvernos al camino correcto. No obstante, tanto lo bueno como lo malo, todo es experiencia que se va entretejiendo de manera admirable y que finalmente siempre nos lleva a la felicidad de descubrir a nuestro Creador.

DESAPROVECHÉ LA MITAD DE MIS OPORTUNIDADES

Bianca, una de mis alumnas de los grupos de meditación, vino un día con una carta.

Carmen-me dijo-esta carta es de una amiga de la que no he tenido noticias desde hace algún tiempo. Quiero que la leas y me digas lo que sientes, yo la interpreto como una despedida, no sé porqué.

Me contó a grandes rasgos su historia. Bianca es italiana y estudió en Suiza con una chica inglesa, Elizabeth, con la que entabló una gran amistad. Se trataba de esas amistades de adolescentes que duran para toda la vida.

A la edad de veinte años Elizabeth tuvo un desgraciado accidente de esquí que la dejó paralítica. Desde entonces llevaba una vida difícil limitada a una silla de ruedas. Sin embargo, nunca cortó la amistad con Bianca, quien cada vez que iba a Inglaterra la visitaba y con la que además se escribía con cierta regularidad.

Esta amistad duraba desde hacía más de veinte años sin interrupción, de ahí la preocupación de Bianca, que en los últimos tiempos no había tenido la oportunidad de ir a Inglaterra para ver a su amiga. Había llamado por teléfono en repetidas ocasiones sin obtener respuesta y la carta que me traía contenía las últimas noticias de Elizabeth.

Tomé la carta con cierta reticencia pero al momento de tenerla en mis manos un escalofrío me recorrió la columna vertebral hasta erizarme el pelo. Comprendí que muy probablemente esto significaba muerte. No dije nada y procedí a leerla. Era una misiva aparentemente anodina pero que respiraba cansancio y hastío de la vida. Entre líneas se leía una desesperación no expresada claramente. Intenté regresársela pero Bianca insistió en que la conservara para ver si lograba recibir algún indicio de la suerte de su amiga. La guardé con recelo y prometí que si me llegaba algo se lo comunicaría.

Al día siguiente recibí este mensaje:

Bianca, mi más cariñoso recuerdo y mis mejores deseos para tu vida presente. Como ya sabes, me encuentro ahora en un lugar maravilloso después de todo el sufrimiento que experimenté en mi última y voluntaria vida en el mundo material. Te puedo decir ahora que no pude aguantar todo el sufrimiento necesario que requería para completar mi karma. Nuestra vida en el mundo material es una oportunidad increíble para aprender y créeme, aceptamos desde antes todas las circunstancias por las que pasaremos.

Escogí una vida muy difícil porque tenía mucho que aprender pero no realicé todo lo que deseaba pues fui muy rencorosa y rebelde. En cuanto llegué aquí me di cuenta de todo lo que no había trabajado en mi superación espiritual.

Vive continuamente buscando la verdad y acepta tus circunstancias que son siempre las necesarias para abrir nuestra consciencia. Nuestra amistad fue el comienzo de mi vida espiritual, ya que muy a menudo tuvimos conversaciones de cierta profundidad. Tu amistad me acompañó siempre a través de mi difícil vida como un bálsamo. Si tú has tenido dificultades en tu vida, velas como estímulos para aprender a desapegarse de la materia y de nuestra soberbia.

Sólo puedo decirte que aquí se ven las cosas más claras y que yo desaproveché la mitad de mis oportunidades. Es cierto que fue difícil mi prueba pero era con el objeto de que me desapegara de la materia, lo cual sólo logré a través de la rebeldía y el coraje. No se puede decir que fue inútil mi experiencia, pero no la aproveché todo lo que hubiera podido. Mi consejo es, querida Bianca, que aceptes tus pruebas tratando de aprender lo que llevan de enseñanza. Ábrete a tu luz interna y encontrarás la armonía y la felicidad. Lizotta.

Firmó con el apelativo cariñoso con el que Bianca la llamaba y que yo ignoraba. Tiempo después supo al fin que en efecto Elizabeth se había quitado voluntariamente la vida ingiriendo una fuerte dosis de soporíferos.

Un joven acomplejado por su físico

Me encuentro aquí ¿Dónde más? Con mis padres que tanto amo y a quien he hecho sufrir espantosamente. Les pido perdón por la tontería que hice, no entiendo cómo pude llegar a ese extremo sólo por un amor que no era muy positivo.

Sí el despecho me llevo a la desesperación y sí estaba acomplejado por mi físico al que le eché la culpa de mi fracaso, tanto en el trabajo como en el amor. Perdón, perdón por lo que hice, fue una tontería que desgraciadamente no tiene ya remedio.

Al ver mi cuerpo sin vida me entró una desesperación increíble y comprendí de inmediato la estupidez que acababa de hacer. Desde entonces busco la manera de decirles a mis padres lo mucho que los quiero y que me arrepiento de lo que hice. Gracias a quien seas que me das la oportunidad de hablar con ellos.

-No te acongojes le contestamos, te espera una vida maravillosa. El castigo no existe. Dios es amor y no juzga.

Me dices cosas muy bellas pero que me cuesta trabajo creer. ¿Cómo que me espera una vida feliz después de lo que hice? Nunca nadie me lo dijo y lo que siempre oí es que el suicidio no se perdona.

-La misericordia de Dios es infinita.

El esperar la misericordia de Dios es un gran consuelo y el perdón de mis padres también.

Al fin se decidió a pedir la luz y nos dijo lo siguiente:

Abre el cielo sus puertas, es cierto, es una luz maravillosa llena de amor que me atrae con fuerza irresistible. Me envuelve una sensación de amor infinito, de felicidad, de perdón. ¡Qué maravilla! Me encuentro en el verdadero cielo, no sabía que esto existía, a pesar de lo que hice, me reciben con infinito amor.

Dirigiéndose a sus padres: *No lloren más, estoy feliz y conforme avanzo en esta luz empiezo a comprender mejor de lo que se trata la vida que es actuar con amor, creo que es lo único que vale. Adiós queridísimos papás, no es adiós sino hasta luego porque sé que algún día me alcanzarán. Mientras, desde aquí estaré siempre pendiente de ustedes dándoles fuerza para seguir adelante. Estén seguros que su hijo está feliz y que esto les servirá para buscar más a Dios.*

Hay diferentes razones que llevan al suicidio, unos porque lo tienen todo y otros porque no tienen lo que quisieran, y otros más por apego a lo que en un momento dado pierden.

Nunca tuve que hacer ningún esfuerzo para lograr algo

Me di un tiro por idiota. Estaba enojado con la vida y por eso bebía para evadirme de la realidad de mi vida que no me gustaba. ¿Por qué?, Me preguntarán, si todo lo tenía. Sí, desde el punto de vista económico no me hacía falta nada, pero nunca le encontré sentido a mi existencia. Me buscaban por lo que tenía pero no por mí mismo. Nunca tuve que hacer ningún esfuerzo para lograr algo y eso te da un vacío desesperante. No te hace ilusión nada si no te cuesta tenerlo. Era mi vida un sinsentido solitario. Sólo mi madre me amaba por mí mismo, pero ella se encuentra también inmersa en ese vacío que te dan los deseos cumplidos sin esfuerzo. Cuando salí del lugar donde me emborraché, me sentí absolutamente desolado, triste, desesperado y saqué la pistola con ganas de matar a alguien, al mundo entero y no encontré mejor cosa que dispararme un tiro. Ahora aquí me encuentro sin que nadie me vea ni me oiga y sin saber qué hacer en un vacío todavía peor. No hay con quien hablar y estoy solo con mi remordimiento por no haber tenido el valor de seguir adelante.

Se le ayudó a liberarse de su culpa y también a encontrar la luz. Entre lo que mencionó fue: *Es verdad que en esta luz se siente amor, perdón, aceptación, todo lo que hubiera querido sentir en mi vida. Amigas que-*

ridas no hagan lo que yo, vivan lo que les toca vivir con amor, que lo que les espera es maravilloso.

No soporté la soledad

Este es el caso de un hombre que al morir su esposa, no soportó quedarse solo.

Me suicidé porque no soporté la soledad. Estaba atado a mi esposa de una manera indisoluble y cuando me dejó me sumí en la desesperación. Me quité la vida esperando encontrarla pero solo encontré oscuridad y frío además de mucha culpabilidad.

No tomé en cuenta lo que provoqué a mi familia con mi acción. Estoy en el tormento de mis remordimientos, siempre fui egoísta, sólo mi bienestar me interesaba, al que ayudaba la entrega incondicional de mi esposa. Ahora veo todo el daño que hice con mi actitud egocéntrica. No creo merecer el perdón de mis hijos aunque es lo que más deseo.

Como ya es costumbre, le hablamos y lo convencimos de buscar la luz.

El siguiente texto sobre el suicidio viene de los maestros.

El suicidio no es más que la decisión del individuo de no seguir adelante con la experiencia vital en la tercera dimensión. No implica este acto ningún castigo, como ningún acto humano lo hace, sólo el remordimiento de no haber tenido el valor de seguir adelante y la sorpresa de que la vida sigue cuando se creía acabar con ella.

Lo que no se acabó de aprender o de cerrar en esa vida, habiéndoselo propuesto con anterioridad, sólo se pospone a una nueva experiencia. No hay castigo, por así decir, pero sí que hay efectos, al quedar truncada una experiencia habrá que repetir otra vida, el estímulo para crecer que se evitó y éste algunas veces puede ser más enérgico.

El suicidio en ocasiones se trae ya incipiente en el carácter de la persona, lo que corresponde al rechazo incons-

*ciente de la experiencia en el mundo de la materia. Hay
almas que, aunque deciden ir a la Tierra, una vez en ella les
falta el valor de vivir todos los obstáculos que esto conlleva y
viven con el continuo deseo de acabar con ello. Las almas que
optan por esta resolución, muy a menudo la repiten a lo largo de sus diversas experiencias, pues guardan en su cuerpo
emocional el recuerdo de la manera de evadirse de la realidad
del mundo físico.*

*La locura es también una evasión y aunque aparente-
mente es una enfermedad adquirida o genética, se acepta de
antemano nacer con la tendencia o el gen que la provoca para
superar ese obstáculo, pero cuando se presenta la enfermedad,
el individuo se deja llevar por ella, lo que le permite evadirse
de la realidad.*

MUERTE POR ACCIDENTE

La muerte por accidente no es casualidad: ya
sea muerte por accidente de automóvil, de avión,
ahogado o por cualquier circunstancia no espera-
da, estas muertes están diseñadas para abrir la conciencia de quienes se quedan. Los escogidos para
morir así es para que con su muerte provoquen el
dolor que hará que sus allegados se desapeguen de
la materia y ellos mismos con el dolor de dejar la
vida repentinamente comprendan que no es esta la
verdadera vida. Estas experiencias sirven para sacar
al alma del atractivo de la tierra. En el caso de niños que mueren repentinamente, generalmente son
almas que se prestan a venir durante poco tiempo
por amor a aquellos a quienes su muerte ayudaría a
crecer espiritualmente.

El dolor, cómo ya hemos visto, es energía pu-
rificadora y nunca es imposible de aguantar porque
cuando el dolor físico es intolerable se pierde el
sentido; en cuanto al dolor moral es siempre aci-

cate para refugiarse en el mundo espiritual. Ver en momentos de dolor verdadero impulso hacia Dios es ver con claridad.

Nos dicen nuestros guías que cuando se deja la envoltura corporal después de un accidente nuestra alma se encuentra sumamente desorientada ya que no ha habido tiempo de prepararse para ese paso. Es importante para los que se quedan elevar oraciones para ayudarlos a desapegarse de la atracción de la tierra ya que desde allá también se les ayuda pero se necesita de muchísima energía para sacar a algunos de su rebeldía.

ME DORMÍ EN EL COCHE Y DE PRONTO ME ENCUENTRO EN UN HOYO OBSCURO

Hay casos en que las personas creen, mientras están encarnadas, que sus acciones, aunque contrarias al amor están bien y son correctas. Estos son, nos dicen nuestros maestros, los que se toman por santos aunque estén envueltos en soberbia. Su primera reacción es esperar que el cielo se abra para ellos y ser recibidos con verdadera alabanza. Al ver que no es así, ya sea que se rebelen y se suman más profundamente en la soberbia o se den cuenta de que estaban equivocados y su desesperación los mueva a pedir ayuda, la cual se les otorga de inmediato.

-*Me dicen que pueden ayudarme, no sé lo que me pasó, me dormí en el coche y de pronto me encuentro en un hoyo obscuro. Si esto es la muerte es algo horrible.*

-*No entiendo dónde estoy, yo siempre fui muy practicante y religiosa y me decían que había un purgatorio para borrar las faltas y un cielo para los que no pecan. No sé que pude haber hecho mal y no sé si esto corresponde al purgatorio, pero, ¿qué debo hacer para salir de aquí?*

Este llamado vino de alguien que acababa de morir en un accidente de automóvil. Una vez más le hablamos de la inexistencia del castigo divino y de la necesidad de aceptar sus circunstancias.

-Me dicen que Dios no castiga, entonces por qué se me hizo sufrir tanto en la vida? Nunca lo entendí y no lo acepté, ni ahora acepto estar en este lugar. No creo nada de eso, son ustedes verdaderas brujas al decir que Dios no castiga y que mi no aceptación es soberbia. No las quiero escuchar más, ya veré qué hago.

Una semana más tarde se volvió a comunicar esta alma de quien los maestros nos dijeron estaba muy rebelde, ya que lo que había encontrado en el plano astral no correspondía a lo que ella esperaba. Su dolor no encontraba consuelo pues no creía lo que se le decía y sólo esperaba que se le hiciera justicia de acuerdo a lo que ella pensaba que se merecía. No entendía porque si siempre había practicado lo que la Iglesia predica se encontraba encerrada. Le contestamos lo siguiente:

Si te sientes encerrada es porque así lo estas provocando con tu manera de pensar. Lo que la Iglesia predica ante todo es el amor y la humildad y es eso en lo que los seres humanos fallamos. Nos cuesta perdonar a los que creemos que nos han hecho daño, nos cuesta ser generosos con nuestros hermanos, siempre deseamos sobresalir sobre los demás, que nos reconozcan por lo que hacemos y buscamos dominar a los que nos rodean. Todas estas actitudes son falta de amor y nos separan de los demás.

Dios no castiga, las vidas dolorosas, como la que tú tuviste, no son castigo sino que están diseñadas para aprender a perdonar, a soltar el control, a ser más humildes. Dios es bondad absoluta y Él solo espera con infinita paciencia a que nos demos cuenta de nuestros errores. Tu vida fue un medio de aprendizaje. Ahora sólo te resta abrirte con humildad a la luz que está ahí si sólo la deseas ver.

-Cuantas cosas me dicen, no entiendo cómo si esto es cierto no lo dicen en las Iglesias. A pesar de que no les creo completamente hay algo de cierto en su discurso, siento paz al oír lo que dicen y eso quiere decir que no es malo. Pero ¿cómo puedo salir de aquí si no veo ninguna luz?

En cuanto dejes a un lado tu rebeldía por no haber encontrado lo que esperabas, por la vida que tuviste, que sientes que fue injusta, podrás ver esa luz. Sólo pídela con humildad, con la fe de que todo lo que nos acontece es por nuestro bien, aunque no lo comprendamos de inmediato. Si eso haces comenzarás a ver un resplandor que viene del mundo espiritual que es la luz del Creador en la que encontrarás paz, amor y armonía. Es sólo tu rebeldía la que te impide verla.

-No había comprendido el significado de la humildad. Es esa fe de la que hablan, pero si en el mundo haces todo lo que te manda la religión ¿por qué resulta ser que estás en el error?

-Quizás sólo te preocupaste de las formas, de los preceptos en cuanto a comportamiento de reglas externas, pero ese no es el mensaje de Cristo. Lo único que cuenta, como trató de enseñarnos Jesús, es actuar en amor y eso comporta la aceptación sin condiciones de los demás tal como son, lo cual quiere decir perdonar, no juzgar y no sentirnos superiores a nadie. Todos tenemos la misma cantidad de luz, sólo diferimos en lo que cada uno hemos dejado que ésta se manifieste, en la medida en que no nos dejamos llevar por el ego soberbio.

-Me dices cosas nuevas para mí y al mismo tiempo parece que las recuerdo, como si algo dentro de mí me dijera que son conocimientos que he olvidado. Cuando siento una energía cálida que viene de ustedes es como si se me aclarase

la consciencia. Ahora me doy cuenta que no siempre actué con amor y mucho de lo que hice fue escudándome en la religión pero en el fondo por orgullo. No supe ni perdonar ni comprender a mi marido y viví llena de rencor hacia él y hacia la vida. Veo ahora un resplandor que crece cada vez más. Es una luz maravillosa, no puedes imaginar lo que es... Emana de ella un amor y una paz infinita, voy hacia ella, me atrae... Gracias... Me dicen que están escribiendo un libro relatando nuestros casos, se necesita aclarar esto muy enfáticamente: si no entendemos lo que es el amor no habremos entendido el sentido de la vida.

MUERTE REPENTINA

Morir de forma inesperada no es siempre negativo. Dependiendo del estado de evolución del individuo, esta forma de morir puede ser una bendición. Si bien es cierto que el alma tiene que desprenderse de forma abrupta y no hay tiempo para que el desprendimiento se haga paulatinamente, por otro lado se evita el dolor de la agonía.

Se puede decir que, de una manera general, la enfermedad que termina con la muerte es un proceso preparatorio para ésta; los cuerpos etéreos comienzan a despegarse del cuerpo físico poco a poco lo que facilita el desprendimiento. Esto no quiere decir que en las muertes repentinas ello se dificulte necesariamente pero por lo inesperado de este acontecimiento puede, en ocasiones, haber más confusión.

Volver a Dios es lo que nuestro ser profundo desea y aún cuando se está en la Tierra aparentemente nos olvidamos del Ser Supremo, siempre en el fondo existe ese anhelo de algo que no sabemos describir. Hay un gran vacío que no se logra colmar con nada material, ni con poder, ni con dinero, ni con los amores humanos, un movimiento de las almas hacia algo superior a ellas que no alcanzan a definir. Eso que busca el ser humano a lo largo de su existencia es la unión con el Gran Todo y de la misma manera que toda la creación, que responde al llamado de su creador.

Sólo aquellos que están inmersos en la soberbia cubren con ella ese llamado de su origen, pero al no encontrar satisfacción en nada de lo que buscan, acaban por comprender que hay algo más que su absurda soberbia.

Al tener el ser humano ese hambre de infinito en el momento de la muerte la reacción natural es clamar por el Ser Supremo, dándose de inmediato la respuesta a su llamado en forma de luz acogedora llena de amor y paz. Los casos que hemos expuesto en esta obra son las excepciones que, por las diferentes razones que hemos visto, no van hacia la luz, pero el amor y la misericordia divina siempre están ahí para acoger a quien la desee.

A continuación relatamos el caso de una persona que murió de forma repentina a consecuencia de un ataque al corazón. Su hija estaba preocupada de que estuviera confundido o desorientado y nos pidió que meditáramos y le enviáramos luz. Se trataba de una persona que había llevado una vida normal, ni especialmente inclinado a la espiritualidad ni tampoco deshonesto, sino con los errores y aciertos comunes a la mayor parte de la humanidad.

Se le permitió hablarnos y he aquí lo que dijo:

Me fui sin previo aviso al lugar de donde ya no se regresa. Mi amadísima hijita, veo desde aquí tu preocupación por mí pero no vale la pena, estoy bien, hay una luz maravillosa donde me encuentro y lo más increíble es que puedo comunicarme contigo, no sé cómo. Me recibieron al llegar aquí tantos seres queridos que creía perdidos para siempre, pues aunque se nos dice que no existe la muerte, mientras se está allá no se tiene la absoluta seguridad de que sea verdad.

No sufrí nada, cuando desperté me di cuenta de que ya no estaba en ese plano que se llama vida sino en un lugar diferente que no entendía muy bien. Me dirigí entonces a la misericordia divina pidiendo ayuda y perdón por mis faltas y de inmediato se abrió una luz indescriptible, llena de amor, no se puede describir lo que se siente. Salieron a recibirme las gentes que amo, sonrientes y llenas de amor. Sólo te digo que el famoso castigo y purgatorio no existe, sólo este inmenso amor de quien nos creó.

Enseguida vi con increíble nitidez toda mi vida, mis errores y aciertos y comprendí que lo único que vale es cuando actuamos sin egoísmo. No se comprende esto en toda su magnitud mientras se está en la Tierra, a pesar de lo que nos dice la religión, pero aquí se comprende todo con una claridad asombrosa. Te puedo decir que se tienen remordimientos que causan dolor pero los seres de luz que nos ayudan en esta revisión nos dan un amor de tal manera intenso que borra nuestra culpa. Diles a todos que lo único que vale en la vida es el amor y el no egoísmo, que esa es la verdadera misión y sentido de la vida.

Es obvio pensar que estos casos son los más frecuentes dado que la gran mayoría de los seres humanos cuando se encuentran con la muerte claman por la misericordia divina, lo que es suficiente para ver la luz.

Este concepto de que lo único que vale en la vida es actuar con amor es una constante que encontramos en todos los mensajes provenientes de los que se nos han adelantado. En cuanto la luz los envuelve, así lo comprenden. Un ejemplo más es el de una persona que murió también de forma repentina y que su primera reacción fue de enojo y rebeldía por haber dejado la vida que tanto amaba. Después de dirigirlo hacia la luz, al percibirla, su mensaje desbordarte de entusiasmo, fue como sigue:

Es increíble, pero se abrió una rendija luminosa. Voy hacia ella y se hace más grande... Sigo avanzando por esta especie de túnel negro en el que al fondo se empieza a ver luz, cada vez más luminosa.

Es maravilloso, no entiendo cómo no se dice en el mundo lo que es esto, si tú lo sabes dilo, es el cielo... Se siente un calor de amor, de paz, de felicidad que es inimaginable mientras se está allá. Ahora comprendo que se diga que Dios es amor, es cierto y en qué forma.

Veo saliendo de esa luz, que me atrae irremisiblemente, seres que vienen hacia mí que tienden los brazos para ayudarme a salir de la oscuridad en la que estaba... Gracias, gracias mil por tu ayuda, pero dilo, dilo a todos los que como yo, no entendimos de lo que se trata la vida... Ahora me doy cuenta de que lo único que vale es el amor y que todo lo demás es basura. No entiendo cómo no se explica mejor el proceso de vida y lo que significa la muerte, que no existe. Es sólo este pasaje a la verdadera vida que se dificulta cuando no se está convenientemente preparado. Nos hablan de amor pero junto a una serie de tonterías como el infierno y el castigo divino. Es nuestro Dios únicamente AMOR y las idioteces que hacemos creo que las pagamos con remordimientos cuando nuestra mente se aclara en esta luz maravillosa.

Ojalá se diga esto en voz alta, me dicen que están escribiendo un libro, díganlo y díganlo bien, LA MUERTE NO EXISTE, sólo este cambio de realidad, de una que es muy poco real a otra que es la verdadera, donde se ve todo con claridad, donde nos damos cuenta de que lo único que vale son nuestros actos de verdadero amor, de generosidad hacia los demás, de dar sin esperar recibir nada a cambio, de perdonar a quienes creemos que nos han ofendido... Me voy hacia la eterna felicidad, con el corazón henchido de ese amor que sólo conocí esporádicamente en mi vida sobre la Tierra.

En contraste con estas muertes repentinas nos encontramos con las que sobrevienen de forma natural, cuando el propósito que se ha fijado el alma terminó. Cuando la experiencia elegida con anterioridad comporta el paso por una muerte lenta y dolorosa, ésta sigue su curso hasta que el alma decide que ya es suficiente, que el aprendizaje se ha terminado.

Sin embargo hay ocasiones en que el apego al mundo físico impide el desprendimiento que se hace más lento de lo que era de esperarse. En estos casos nuestro ser interno, que sabe que ya no es necesaria la permanencia en el mundo terrenal, entra en conflicto con el ser inferior que desea a toda costa continuar con la experiencia.

A continuación transcribimos un mensaje que recibimos sobre las muertes masivas:

"Las muertes masivas que se están dando han sido aceptadas por cada uno de sus integrantes, quienes están disolviendo karma con ello. No se trata de castigo ni de crueldad del ¨destino¨. Cuando éstas almas decidieron encarnar aceptaron esa muerte como experiencia que serviría para limpiar de negatividad a la Tierra. Estas catástrofes están limpiando la enrarecida vibración del planeta debido al abuso que se ha hecho de su hábitat y de su fauna, con la matanza de ballenas y focas, el talado indiscriminado de los bosques, la explotación sin límite del petróleo y todo lo que esto conlleva con los productos químicos que no son biodegradables. Se necesitarán varias generaciones para reponer lo que la humanidad ha echado a perder. Con los desastres ecológicos las consciencias se tendrán que abrir a otras opciones que servirán para restaurar la conducta de la Humanidad".

CAPÍTULO VII

MEDIUMNIDAD, OTROS PLANOS Y ESTADOS ALTERADOS DE CONSCIENCIA, BRUJERÍA

¿Será la vida o será la muerte?
Aunque la muerte es tan solo la noche de la vida,
porque de la noche surge la mañana.
Únicamente cuando el día y la noche y la vida
sean una misma cosa y
se reabsorban en aquello de donde vinieron,
vosotros tendréis redención y unión con Dios
y con vuestros propios seres.
Paul Twitchell

Todo lo que existe es manifestación de Dios. El Creador y su creación forman una unidad, un solo cuerpo dentro del cual existimos, por lo que de forma natural tendríamos que poder conectarnos con el universo entero. No obstante, desde el momento en que nos sentimos como entidades limitadas y separadas de lo que nos rodea, hemos perdido la facultad de comunicarnos con el cosmos. Nuestro egocentrismo y exceso de racionalidad han obstruido este contacto que es lo que se entiende por mediumnidad, psiquismo o percepción extrasensorial. Esta facultad olvidada es inherente al ser humano y todos la tenemos de forma latente o desarrollada en mayor o menor grado.

La mediumnidad o psiquismo es la posibilidad de entrar en contacto con otras realidades; es la aptitud de percibir, fuera del condicionamiento del tiempo y el espacio, hechos y circunstancias así como recibir mensajes de otros seres, ya sea del plano físico o de otros planos de consciencia, todo esto sin necesidad de los sentidos físicos. La telepatía, las premoniciones y nuestra intuición son resultado de esa facultad, ya que en el primer caso estamos percibiendo el pensamiento de otra persona sin necesidad de la palabra y sin que la distancia signifique una barrera, en el segundo se conoce con anterioridad algún suceso que tendrá lugar en el futuro, en cuanto a la intuición, ésta proviene de nuestro Yo interno que vibra en otra dimensión.

Hay muchos niveles de consciencia o dimensiones que vibran en diferentes frecuencias pero que no se deben considerar como separados entre sí, sino que se interpenetran unos con otros. Los seres que se encuentran en las diversas dimensiones pueden entablar comunicación de una a otra sintonizando su frecuencia vibratoria. Ya sea que los encarnados eleven la suya o los de más alta vibración bajen su frecuencia esto hará que se efectúe el contacto. Hay personas que tienen más facilidad para comunicar con otras realidades y son a las que se les conoce bajo el nombre de mediums, psíquicos o canales.

Médium quiere decir intermediario y todos lo somos en mayor o menor grado; se es intermediario de los diferentes niveles de consciencia o dimensiones en la medida en que nos abrimos a su vibración. Sin embargo y aún sin percatarnos de ello, recibimos continuamente mensajes de otros planos pues, como anteriormente dijimos, nuestros guías que se encargan de ayudarnos en nuestra apertura de consciencia se comunican de forma telepática con sus protegidos aunque no siempre con el éxito deseable. Cabe aclarar que de acuerdo a la frecuencia en la que se encuentre vibrando el psíquico en el momento de hacer el contacto ese será el nivel con el que se comunicará. A este respecto nos dicen:

Se necesita siempre estar limpiando el canal de los embates del ego. Necesita el receptor estar alerta de su aparición. El medio por el cual se logra esto es con discernimiento y autoobservación. Si nos dicen que una entidad altísima como Jesús o María se comunican a través nuestro, no quiere decir que esto sea imposible pero para que fuera posible es necesario que nuestra vibración esté en una frecuencia muy elevada. A veces se dan mensajes muy válidos provenientes de otras fuentes menos excelsas y si aparentan ser de aquellas altísimas entidades se da así para probar el discernimiento y el ego del médium. Esto no es crueldad sino pruebas necesarias para la limpieza del canal.

No es tan importante de quien viene la información sino el valor del contenido de los mensajes. Se les recomienda estar muy atentos a la aparición del factor fanatismo, ya que esa es otra prueba que se les dará tanto a los canales como a sus seguidores. El discernimiento siempre tiene que estar presente para escoger únicamente lo que es positivo y útil. Muchas veces no se cuestiona lo que se recibe y esto no debe ser. Como ya se ha dicho, el trabajo de apertura de consciencia debe ser con esfuerzo personal y en el discernimiento se encuentra precisamente el trabajo a realizar. La verdad no se da sin el esfuerzo de encontrarla.

El verdadero trabajo de discernimiento es ayudado por la interiorización de nuestra alma tratando de entrar en contacto con el Yo interno. Si se piensa que el mensaje viene de uno mismo, en cierta forma es válido, ya que es el Yo superior el que ayuda a discernir lo que vale de lo que no.

Ahora bien, por otro lado, en el estado de evolución en el que se encuentra la humanidad le es muy difícil llegar a

*percibir en toda su capacidad la luz que mora en su interior
y por eso necesitan los seres humanos de guías que ya ven más
claro para hacer de intermediarios entre la Gran Verdad
que es luz de una infinita potencia y altísima vibración y la
aún débil vibración del encarnado.*

*Somos los hermanos desencarnados que estamos toda-
vía cercanos a vuestra vibración los que tratamos de esclarecer
las verdades que ya sin el cuerpo, nos es más fácil comprender
y que los que están más arriba en la escala vibratoria nos
instruyen amorosamente.*

*Aquí se vive en diferentes niveles que rigen por fre-
cuencia vibratoria. Los que moran en niveles más altos pueden bajar a los nuestros aunque nosotros no podemos llegar
a los planos más elevados. Sin embargo, la comunicación
entre todo el cosmos es constante, es como una inmensa red
de comunicación e interacción. No pueden siquiera imaginar
la infinita sabiduría con la que está todo diseñado; cualquier
acción del más humilde de los humanos tiene toda una serie
de repercusiones que van dirigidas a recuperar la armonía
que pudo haber desequilibrado con esa acción.*

También percibimos sentimientos favorables
o adversos a nosotros provenientes de otras personas. Estas son vibraciones energéticas que capta-
mos sin necesidad de nuestros aparatos censores.

La mediumnidad o psiquismo es en realidad
la comunicación con el universo en general. Si es-
tuviéramos abiertos podríamos comunicarnos con
las montañas, las plantas, los animales, etc. Hay diferentes formas de sensibilidad para la comunicación con el cosmos, de las cuales citaremos algunas:
la clarividencia, facultad que permite ver, sin los
ojos físicos, acontecimientos del pasado, presente o
futuro , la clariaudiencia o posibilidad de escuchar
voces, música o mensajes sin ayuda del sentido del
oído; los diferentes trances mediúmnicos dentro de
los que se da la escritura automática en que el mé-

dium, cuando está en trance, presta su pluma a la entidad que la maneja sin tener consciencia de lo que escribe; la escritura intuitiva, caso en el que se escribe lo que se recibe telepáticamente, siempre de manera consciente, pero sin tener idea de la secuencia de las palabras ni de las ideas que van surgiendo bajo el dictado.

El trance es un estado extraordinario de consciencia a partir del cual es posible recibir o transmitir información de otras dimensiones en el cual el sentido de la identidad egoica se reduce o desaparece transitoriamente; éste puede ser ligero o profundo. En el trance ligero o estado autohipnótico es aquel en el que se producen los automatismos sin perder la conciencia. El trance profundo es aquel en el que el psíquico es ocupado por un espíritu que controla el proceso de modo que en ocasiones incluso puede observarse como la voz o los gestos de éste cambian y aparecen las características propias de las entidades que se comunican a través de él.

Son mediums aquellos que curan por imposición de manos en el que éste se presta como canal entre la energía universal que lo envuelve todo y la persona cuya energía se encuentra en desequilibrio, produciéndole alguna enfermedad. También lo son los que realizan operaciones psíquicas; estos sirven de instrumentos a entidades de luz que trabajan en el plano astral y que se sirven de ellos como un cirujano se sirve de una pinza para extraer un tumor.

Sobre este tema nos hablan nuestros maestros.

La curación se hace en el cuerpo astral, donde se originó la enfermedad, que es el molde energético del físico. Vamos a aclarar, si se hace una intervención quirúrgica el psíquico que se encuentra delante del cuerpo físico no hace más que retirar lo que ya se retiró en el cuerpo astral; si se practica una prótesis de hueso, por ejemplo, esa misma operación ya se hizo a nivel astral y el hueso que se implanta en el cuerpo físico se habrá de soldar siguiendo el molde de lo que se hizo en el cuerpo astral. ¿Cómo se entra en el interior del cuerpo físico sin necesidad de abrir o dejar cicatriz? Si en el cuerpo astral se abre una cavidad en respuesta al poder mental de las entidades que trabajan en ese plano, el cuerpo físico sigue el mismo proceso. El médium que trabaja en el plano tridimensional no hace más que seguir instrucciones, es decir, sirve de instrumento únicamente.

Se hacen también curaciones con el poder de la mente del psíquico, sólo que ese sistema es diferente. Este se ejecuta con desmaterialización de lo que se amputa, materializándolo después fuera del cuerpo físico. Desde luego que también se realiza con asistencia de este plano en el que las altas entidades que ayudan obtienen la desaparición del mal en el cuerpo astral.

Deberíamos buscar el conocimiento de las leyes universales para regresar al hogar y ayudar a los que vienen atrás a elevarse en la escala de evolución. El conocimiento se obtiene a base de esfuerzo a través del trabajo interno de apertura de conciencia hacia la unidad.

Hay quienes, queriendo saltar escalones, buscan el conocimiento a base de ejercicios y respiraciones que destapan la energía de los chakras de forma que no pueden todavía manejar, ya que no va de acuerdo con su desarrollo espiritual. Mediante ciertas drogas, que llevan a estados alterados de consciencia, logran percibir otras realidades que no les es posible en estado normal. Cuando artificialmente se proyectan a otras realidades, su viaje puede estar lleno de sus propias creaciones mentales, las que no siempre son positivas. El peligro estriba en que al no estar en el nivel de vibración requerido para esos viajes a otros planos, se queden a medias o totalmente anclados en los planos astrales a los que se proyectan.

Se pueden definir los estados alterados de consciencia como aquellos en los que las personas se liberan de las limitaciones asociadas a la consciencia ordinaria y en los que las fronteras entre el yo y el mundo se desdibujan.

Para poder entrar en contacto con el plano espiritual mientras se vive en el físico, se necesita elevar la propia vibración mediante la disolución del sentido de separación o ego. Se regresa a la vibración del plano físico bajando de nuevo la frecuencia vibratoria. Mientras se vaya a planos astrales de forma artificial, mediante drogas por ejemplo, existirá el peligro de no poder regresar, ya que esto se obtuvo sin la aceleración vibratoria requerida. De ahí que los estados de éxtasis y las experiencias místicas se den a través del trabajo espiritual que eleva las vibraciones abriendo la consciencia.

Brujos y brujería

El pensamiento es energía creadora que tiende a dar forma a aquello en lo que se concentra. Existen ciertas leyes y fuerzas en el universo, desconocidas por la mayoría de la humanidad, pero que algunas personas saben utilizar en pro o en contra de los seres humanos. Nuestro poder mental es insospechado. Moviendo con él ciertas energías, se pueden obtener fuerzas poderosas, así como la creación de elementales.

Los elementales son, entre otras definiciones, emanaciones vibratorias de nuestra voluntad de seres encarnados que pueden actuar como entidades desencarnadas. Resulta así que nuestro pensamiento puede fabricar estas entidades llamadas elementales que poseen una fuerza vibratoria relativa al nivel de consciencia de su creador, al cual se quedan vinculados y a su servicio.

Estos son los que los brujos negros utilizan y que, junto a las entidades maléficas a las cuales llaman en su ayuda, les sirven para hacer lo que se llama "trabajo de brujería".

En la naturaleza también existen estos elementales que algunos mediums pueden ver y que son los que han dado lugar a las historias de gnomos, hadas, duendes, elfos, etc. Estos seres que viven en la tierra y que no están encarnados tienen una consciencia incipiente pero, como todo el resto de la creación, están en evolución hacia el Origen. Ellos absorben las emanaciones de la humanidad, lo cual da lugar a que en un medio lleno de bondad nacerán elementales bondadosos y en el caso contrario serán elementales maléficos. Estos últimos están llenos de envidia, maldad y eligen motivaciones negativas. Si se encuentran con personas que están en búsqueda de la luz, se dedicarán a hacerles todo el daño posible, aprovechando para sus fines alguna rendija de negatividad en el aura de la persona. Esta es frecuente obtenerla ya que, en el estado de consciencia actual de la humanidad, los seres humanos aunque estén buscando la luz, no siempre se mantienen en alta vibración. De estas entidades se sirven también los brujos negros.

Así mismo, todas estas fuerzas se pueden utilizar de forma positiva, es decir para el bien común, que incluye las "limpias" y la curación física o moral lo cual se llama magia blanca, o en provecho propio y en contra de los demás lo que se entiende por brujería negra.

Quienes buscan nuevos conocimientos para obtener poder lo logran pero se atoran en ese poder, ya que no lo están utilizando en el sentido de unión con el Todo sino para sentirse superiores a los demás. Ciertos brujos utilizan los conocimientos que destapan el poder de la mente para escaparse del plano físico, elaborando otros planos de consciencia donde se encuentran quienes han practicado estas enseñanzas.

Viven en el infierno de su propia creación quienes buscan el poder que está en cada uno de nosotros pero olvidándose de que somos todos UNO y que no sirve de nada llegar al conocimiento de cómo funcionan las leyes cósmicas si se olvida el amor.

Muchos de los llamados brujos han llegado a conocimientos sumamente avanzados en el poder de la mente, la percepción de otras realidades y la transmutación de la materia pero les ha faltado el amor que intencionalmente excluyen de sus prácticas para obtener mejores resultados.

El método que siguen es sustraerse al consciente colectivo que ejerce influencia sobre toda la humanidad. Esta consciencia colectiva está formada por los pensamientos y por ende las acciones del género humano. Ellos se sustraen a esta influencia rompiendo con los patrones de relaciones humanas de amor, amistad y familia que rigen en la humanidad. No entran en comunión con ninguno de estos patrones sino por el contrario escapan de ellos a base de ser despiadados, de no relacionarse emocionalmente con nadie y sólo utilizar las diferentes relaciones humanas en su propio beneficio. El que los brujos preparen a otros aprendices en estos conocimientos, no es por amor ni para beneficiarles sino para fortalecer esos planos de poder creados por ellos.

El poder que logran es muy grande, obtienen así dominar a quienes se proponen, deseando cada vez más el poder sobre otros planos. No se contentan con el poder que pueden obtener en el mundo físico, ese ya no les es de gran interés, sino en las otras realidades donde logran proyectarse y que han sido fabricadas por ellos mismos.

Estos conocimientos están basados en el poder de la mente que todos tenemos; han logrado destaparlo mediante métodos de disciplina muy rígida, heredados de culturas antiquísimas. En esas culturas los hombres que seguían estas técnicas lograron trascender el plano físico pero éstas estaban siempre basadas en el amor. No obstante hubo ovejas descarriadas que buscaron el poder sobre los demás y son los que se convirtieron en brujos, cuyas tradiciones han prevalecido hasta la fecha.

No quiere decir que no se pueda avanzar en el conocimiento de nuestro poder si se actúa con amor sino que el proceso es más largo. Primero se tiene que llegar a actuar en perfecto acorde con la armonía de la consciencia de unidad y después se van destapando las limitaciones que se nos han impuesto como consecuencia de nuestra consciencia de separación. Estas limitaciones se han formado precisamente obedeciendo al poder de nuestra mente que se piensa y se cree separada del resto del cosmos.

Los brujos utilizan ese mismo poder mental para eliminar las limitaciones pero sin eliminar la causa que es el separatismo. Actúan en provecho de unos cuantos creando planos de consciencia adonde se proyectan. El problema es que quedan atrapados ahí, ya que mientras no tomen consciencia de la unidad con el Todo, su consciencia separatista los atrapará en ese limbo del cual les es difícil salir, puesto que han forzado el proceso evolutivo saltando escalones sumamente importantes. Mientras no se llegue al conocimiento a través del amor no se logrará trascender este plano tridimensional; solamente se obtiene ir a esos planos creados por las mentes de estos seres donde sólo hay frío y desolación. Su necedad los encierra ahí y su soberbia les impide salir.

En una ocasión estando con nuestro grupo de meditación con el cual nos reunimos una vez por semana, recibimos el siguiente mensaje de varios seres que estaban atrapados en uno de estos planos:

"Nuestro problema es que no logramos salir de nuestro encierro voluntario, el cual creamos con nuestra mente a través de muchas mentes que se organizaron para crear un plano de poder. Siguiendo técnicas diseñadas para despertar el poder de percepción y el poder mental, creamos un plano en el que estamos todos aquellos que buscamos el poder y ser superiores a los demás. Nuestro error fue olvidar que formamos parte de un Todo y que nuestro plano no puede ser para unos cuantos, sino que tiene que ser universal".

"Henos aquí atrapados en este plano, con un estado de consciencia muy alto pero enterrados en nuestra soberbia. Les pedimos nos ayuden a salir con amor y dedicación. Esa energía de amor, que es la que nos faltó al querer ser superhombres va desbaratando la costra de egoísmo y soberbia que nos tiene inmovilizados en este plano".

"Sigan enviado luz a los atorados que su apoyo nos sirve de verdad. Somos muchos y cada día llegan más".

ATRAPADA EN UNA MORADA DIABÓLICA

Algún tiempo después, estando en nuestro grupo de meditación, se recibió un llamado desgarrador dirigido a Carmen y pidiendo ayuda al grupo. Para nuestro asombro provenía de Julieta, una amiga de la cual ignorábamos la muerte:

Mi desesperación es grande ya que seguí a Roberto porque no lo quería perder. Ese deseo de control sobre su persona me hizo olvidar todo lo que sabía pertinentemente, que la búsqueda de Roberto no era la luz sino el poder.

¿Por qué no hice caso a lo que ya sabía? ¿Por qué me dejé llevar por el amor humano que no es más que ego?

Necesito ahora mucha energía de verdadero amor para salir de este encierro en el que voluntariamente entré. Como ya te había dicho estos chamanes elevan su vibración y logran entrar en otros planos de consciencia que han sido creados por ellos. Su poder es inmenso y lo único que buscan es que otros entren ahí para sostener con su energía sus moradas diabólicas. Aquí me encuentro atrapada con Roberto, él no se ha dado cuenta de la verdad de lo que acontece, pero yo sí y deseo fervientemente el ver la luz y salir de aquí.

Mándenme luz, eso es lo único que podrá salvarme y Él que todo lo puede me perdonará por mi soberbia. Como te lo había dicho, no es la primera vez que me pasa, no aprendo, soy rebelde.

Si nuestra amistad tuvo algún sentido es para ayudarme en estos momentos difíciles. Mucho les agradeceré su ayuda. No puedo aquí bendecir al Creador pues la energía es tan negra y densa que me lo impide. Bendícelo por mí y ayúdenme a salir. Julieta.

Entre todas nos concentramos para enviarle luz y energía amorosa. Hubo quien la visualizó luchando contra una masa de energía negra pero finalmente después de recibir nuestra energía se le vio rodeada de luz azul que la elevaba sacándola de esa masa densa cual chicle.

Se nos informó después que Julieta se había liberado y que estaba en el sueño reparador de las almas que se han apartado de la luz. Cuando despierte su ascensión será rápida ya que se trata de un ser de consciencia avanzada.

Julieta era una mujer joven que estaba en la búsqueda espiritual de forma sincera y profunda. Desde hacía varios años su vida estaba dedicada a la investigación de las diferentes corrientes espirituales y esotéricas asistiendo a numerosos cursos de ayuda a la apertura de consciencia. Era una persona muy preparada, había obtenido un postgrado en parapsicología en una universidad estadounidense. En su vida profesional trataba siempre de ayudar a los demás y había comprendido que el único camino era a través del amor y la desidentificación del ego. Era un alma evolucionada que trataba de ser congruente con sus creencias.

Su problema era que estaba profundamente enamorada de su marido, quien se dedicaba a investigar el chamanismo desde el punto de vista social y científico. Su verdadera motivación era su deseo de sobresalir sobre los demás buscando conocimientos que le dieran poder. Julieta era sincera en su trabajo espiritual y por lo tanto no comulgaba con el interés de su marido en la búsqueda del poder. Sin embargo su deseo de controlar y querer cambiar a Roberto la llevó a seguirlo en sus experiencias con los chamanes, a sabiendas de lo que se manejaba ahí.

Voluntariamente ellos quisieron experimentar pasar a otros planos de consciencia mediante ciertas prácticas de brujería en las que momentáneamente se entra en un estado de muerte corporal. Pero no se puede jugar con fuego sin quemarse y al perder el control se quedaron en la experiencia.

Julieta pensaba que tendría la suficiente fuerza para no dejarse arrastrar a esos planos de donde no es fácil salir; quería demostrarle a Roberto que su búsqueda era errónea dado que esos planos han sido fabricados por la conciencia de los brujos. Su deseo de salvar a Roberto del error la llevó al pantano también, ya que no se puede forzar a nadie a cambiar su actitud. El libre albedrío se tiene que respetar siempre, cosa que ella no hacía. De ahí su relación tan patológica lo que, a pesar de su búsqueda sincera, la perdió.

Un año más tarde se recibió el siguiente mensaje de Julieta:

Me dan la oportunidad de comunicarme de nuevo con ustedes y les quiero decir que se necesita mucha fuerza para salir del encierro voluntario en el que los brujos están. Yo salí gracias a su inapreciable ayuda y ahora me permiten hablarles sobre lo que son esos planos demoníacos.

Las fuerzas del pensamiento son creadoras y sabiendo destaparlas a base de ejercicios y autodisciplina se logra obtener un poder inaudito. Se pueden crear por ejemplo, objetos que se materializan después de desmaterializarlos en otro lugar; se puede entrar en el campo energético de otra persona obsesionándola y apoderándose de su voluntad; se pueden también provocar enfermedades en alguna persona provocando distorsiones en su alimentación energética. Todo esto es lo que hacen los brujos negros y también crear otros planos de consciencia a donde se proyectan para gozar con el poder de sus creaciones.

Pero al perder el concepto de unión este poder tan grande, que se utiliza en el sentido egoísta, es de una densidad que es muy difícil salir de su aura energética. Esos planos que forman los brujos les puedo decir que son verdaderamente nefastos.

Me dio mucho miedo cuando me encontré en él y empecé a sentir un frío helado que no me dejaba. Quienes ahí se encuentran están embotados por el poder, ya que crean a su antojo situaciones que les complacen y que son siempre de poder sobre los demás. No existe el conflicto porque hay un gran respeto por las jerarquías que se van dando según el poder que alcanza cada uno.

Les puedo decir que es lo que yo entiendo por el infierno. Me da mucha pena saber que Roberto se encuentra todavía ahí pero esa ha sido su decisión y yo no puedo hacer nada, al fin lo comprendí. Se da a todos las oportunidades necesarias para salir de ahí y algún día lo lograrán pero es algo sumamente difícil, tremendo. Mi amor y agradecimiento sean con ustedes. Julieta

Con respecto al daño que se pretende hacer a algunas personas o lo que se entiende por "trabajo de brujería", sólo se logrará si la persona a la que va dirigido está vibrando de alguna manera en la negatividad. El que procede a la llamada "limpia" ejerce el poder del pensamiento de forma positiva, que siempre tiene más fuerza que su contrario y neutraliza la negatividad recibida por la víctima. Pero el brujo negro no se da cuenta de que esa fuerza negativa que él envía le regresará con mayor intensidad, al igual que a la persona que se lo encomienda, ya que aquí también actúa la ineludible ley de Causa-Efecto. El peor error sería contraatacar con el mismo método, ya que de esta manera se establecería un círculo vicioso.

EPÍLOGO

Para finalizar, incluimos varios mensajes de nuestros maestros que ilustran algunas de las ideas principales de esta obra.

Nuestro rechazo al dolor se debe a que no lo entendemos. El dolor es una fuerza que eleva las vibraciones de quien lo sufre, sean personas o animales. La razón es la siguiente: el dolor se opone al bienestar en el mundo tridimensional y, por lo tanto, es una fuerza que encierra una carga positiva en el sentido que ayuda a desapegarse de la atracción del mundo físico.

Ya dijimos que los comportamientos inarmónicos traen una carga negativa que necesita ser contrarrestada para recuperar el equilibrio. Como esa negatividad ha sido provocada por falta de amor, la manera de restablecer el equilibrio perdido es con amor, es decir la fuerza contraria a la que provocó el desequilibrio, o con dolor, ya que al traer éste una carga contraria al bienestar y al apego a lo material, es de fuerza positiva.

Ahora bien, ¿por qué los animales tienen que pasar por el dolor si todavía no tienen consciencia de sus actos que generalmente son únicamente intuitivos? Al sufrir el animal, su vibración álmica se sutiliza, ya que de todas maneras el sufrimiento lleva una carga positiva por las razones que se expusieron más arriba. Los animales están, como el resto de la creación, en evolución hacia el Creador y su vibración tiene que elevarse también. No es crueldad del Altísimo sino simple ley de compensación.

Los animales cuando sufren no se rebelan como los humanos. En su fuero interno saben que no es algo negativo y lo aceptan. Cuando el dolor se acepta desaparece en el mayor grado que se puede pensar, ya que al no haber oposición el dolor disminuye notablemente y en ocasiones desaparece.

Si entendemos que todo lo que acontece en el mundo de la materia es con el objeto de evolucionar y salir de ese plano ilusorio, lo aceptaríamos mejor. Todo el dolor que impera en ese mundo nos serviría como energía impulsadora que nos llevaría a los siguientes planos de consciencia o dimensiones superiores, donde el dolor ya no es necesario, puesto que habremos comprendido lo que significa el amor, que es unión de todo lo creado entre sí y con su Creador.

Este bello mensaje nos aclara el verdadero sentido del dolor.

Nada puede ser tan doloroso como aquellas personas que sienten que su sufrimiento no sirve de nada. Estas personas pueden transformar su dolor y su muerte, si lo ofrecen de todo corazón, para el beneficio y la felicidad de los demás. Los maestros tibetanos recomiendan en el *Libro tibetano de los muertos*, la obra más antigua y más importante que se ha escrito sobre la muerte, una práctica muy poderosa y especialmente significativa para los enfermos terminales. Consiste en imaginar tan intensamente como se pueda a todas las personas que tengan esta misma enfermedad y decir con mucho amor: "deseo absorber el sufrimiento de todos los que tengan esta misma enfermedad. Deseo que se liberen de esta aflicción y de todo su sufrimiento". Después imaginar que la enfermedad y tumores dejan sus cuerpos en forma de humo y se disuelven dentro de nuestra propia enfermedad y tumores. Cuando inhalemos, inhalamos todo el sufrimiento, y cuando exhalamos imaginamos que sale en forma de luz, sanación y bienestar. Practiquemos esto durante varios minutos y al hacerlo, creamos con plena convicción que los otros están siendo curados. Esta práctica le da nuevo significado a nuestra muerte y puede transformarnos por completo. No hay nadie que tenga que morir en el resentimiento por creer que su sufrimiento no sirve de nada. Ningún sufrimiento carece de sentido si se lo acepta con humildad o si se dedica al alivio del sufrimiento de otros.

Vivir en armonía significa vivir en unión con todo lo que es. Esto quiere decir aceptar el momento presente como viene, luchar sí por mejorar las condiciones de vida pero sin forzar los resultados de nuestra lucha. Si en un momento dado creemos que debemos actuar de determinada manera para obtener el resultado que deseamos, y éste no se da así, en lugar de oponernos a lo no deseado dejar pasar nuestro empeño en aquello que veíamos como lo que debía ser y aceptar lo que se dio, aunque sea contrario a nuestros deseos.

Esto no quiere decir de ningún modo que no luchemos por obtener nuestro ideal o nuestra meta. Se necesita luchar contra viento y marea, aun sortear los reveses y continuar luchando, pero si la vida señala otra salida de la prevista, hay que tomarla. Por algo será, y si sabemos ver se constatará más tarde que esa era la más conveniente. Hay que hacer, pues, una diferencia entre luchar por llegar a la meta sorteando los obstáculos y empeñarse en obtener un determinado resultado al que se opone la vida de mil maneras, ofreciéndonos otra solución por la cual deberíamos optar.

Si vivimos en el presente observando lo que acontece fuera y dentro de nosotros empezaremos a descubrir todas aquellas actitudes en nosotros que nos impiden fluir con lo que está sucediendo. Toda nuestra manera de actuar que no venga del amor viene del miedo, del sentido de separación, del ego, que controla la mayor parte de nuestros actos. El camino espiritual es el proceso de tomar consciencia de nuestras actitudes egoístas y, poco a poco, mediante la auto-observación y la meditación, ir disolviéndolas para que nuestro Ser Real se manifieste. Vivir es morir al miedo, al deseo de controlar y a la falta de confianza y de aceptación para renacer al AMOR, que es nuestra verdadera esencia.

Si alguien desaprovecha la oportunidad de crecer espiritualmente en su vida, ésta le servirá de ejemplo para no repetir el mismo patrón. Cuando llegue al otro plano se dará cuenta de cuánto daño hizo a su alrededor, lo cual romperá con su actitud negativa e irá a su nuevo trabajo lleno de arrepentimiento y voluntad de trabajar. Todos los seres humanos, por malvados que hayan sido, van a la luz si eso quieren y ahí verán con claridad su actuación errónea, lo que los llevará a desear corregirla. Esto, claro está, en el caso de querer elevarse voluntariamente hacia el mundo espiritual. A muchos les es difícil salir del Bajo Astral, donde se quedan apegados deseando volver a tener poder y posesiones, pero ya dijimos que la atracción de nuestro origen es más fuerte que cualquier deseo. Es cierto que estas almas pueden quedar siglos de vuestro tiempo ahí, pero las oraciones de los encarnados y nuestro esfuerzo de sacarlos finalmente tiene éxito.

Por esta razón se recomienda tanto orar por las almas del "purgatorio", ya que esto genera una energía que ayuda a liberarse a los que ahí se encuentran atados.

Es verdaderamente admirable la manera en que nuestro Creador ha concebido el desarrollo de cada consciencia. Se nos da el libre albedrío y volvemos a nuestro origen después de experimentar innumerables experiencias nacidas de nuestra voluntad de crear. ¡Qué maravilla de generosidad al compartir con sus criaturas su poder! Empezamos ese ciclo con una conciencia elemental y para que el orden universal no se trastorne existe la ley causa-efecto. Así empezamos a experimentar los efectos de nuestro poder creativo hasta que éste se va alineando con la armonía universal. Pero incluso lo desarmónico se necesita como proceso de comprensión, ya que al ir comprendiendo el funcionamiento correcto se va aprendiendo la existencia de los dos polos, lo que se entiende por el bien y el mal, siendo este último la experiencia que hace posible el descubrimiento de la magnificencia del Creador. Si no se pasara por el error no se apreciaría la maravilla que es volver a la luz, apreciar lo que ella es. Sin pasar por la sombra no es posible admirar la fuerza de la luz.

Nuestra individualidad permanecerá para siempre aunque unificada con las demás individualidades y participando de las experiencias de todas ellas. Si se nos ha dado es para que cada una de las consciencias individualizadas efectúe un trabajo determinado y se complementen de esa manera en el maravilloso plan de la creación. La felicidad es el equilibrio de todo lo que existe. Si no entendemos el porqué de la creación sí podemos percibir ese equilibrio, esa paz y esa plenitud cuando en meditación se logra entrar en contacto, aunque sea una fracción de segundo, con ese océano del que formamos parte, siendo una gotita de él.

Vivimos en una confusión total creyendo que lo único que existe es lo que percibimos con nuestro sistema sensorial. Usamos toda nuestra energía en tratar de destacar sobre los demás, controlar para obtener poder, poseer cosas materiales y satisfacer el sexo y los sentidos físicos. En esta confusión se nos olvida lo que realmente tiene valor, que es la comprensión total de nuestra naturaleza divina, y nos enredamos en minucias que al final de cuentas no nos sirven una vez terminado nuestro pasaje por el plano terrenal.

Es ese apego y ese aferramiento a lo material y a los afectos familiares lo que nos coarta la libertad, quedándonos atados a aquello de lo que no pudimos liberarnos.

Por esta razón es conveniente desapegarse de todo antes de emprender el viaje a nuestro verdadero hogar, ya que si no se logra nos encontraremos deseando regresar al plano tridimensional para cerrar círculos y acabar de una vez por todas con las deudas kármicas que se traducen en amor y desapego.

Al morir debemos estar libres de apego, aferramiento y aversión. Sólo así caminaremos a la luz sin voltear para atrás y quedarnos convertidos en estatuas de sal.

Si cambiáramos nuestra visión de esta vida y no la tomáramos como la única y la más importante sino como una etapa más en nuestro largo proceso de evolución, entenderíamos mejor el verdadero significado de lo que se entiende por muerte.

EDITADO EN LA MONTAÑA DE LOS ÁNGELES

EQUINOCCIO DE PRIMAVERA 2020

∴

Los beneficios editoriales de esta obra van destinados
a la Fundación Dharana y su proyecto O Couso
WWW.DHARANA.ORG
WWW.PROYECTOCOUSO.ORG